NE 능률

기본 연산
Check-Book

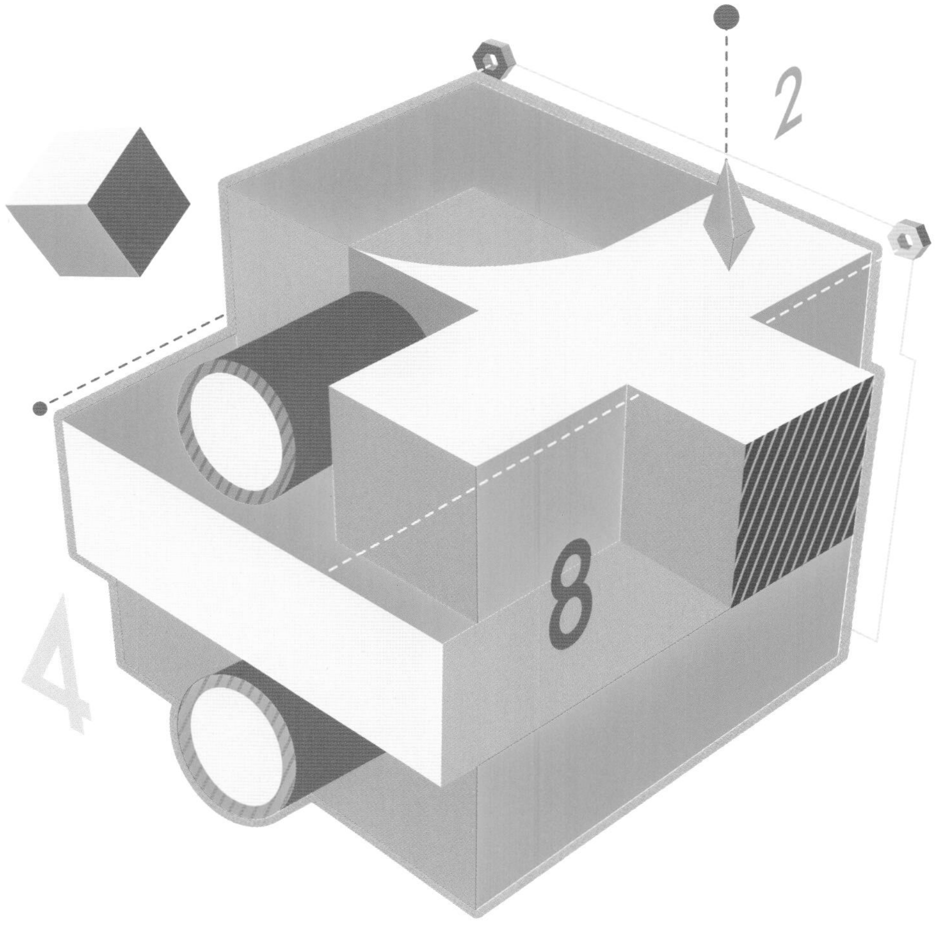

초등1 1호

덧셈구구

1주 10 만들어 덧셈하기

❶ $7+5=\square$ (5 → 3, 2)

❷ $8+3=\square$ (3 → 2, 1)

❸ $9+4=\square$ (4 → 1, 3)

❹ $7+4=\square$ (4 → 3, 1)

❺ $6+9=\square$ (9 → 4, 5)

❻ $8+6=\square$ (6 → 2, 4)

❼ $9+3=\square$ (3 → 1, 2)

❽ $5+9=\square$ (9 → 5, 4)

❾ $6+7=\square$ (7 → 4, 3)

❿ $8+7=\square$ (7 → 2, 5)

⓫ $7+6=\square$ (6 → 3, 3)

⓬ $9+2=\square$ (2 → 1, 1)

⓭ $4+8=\square$ (8 → 6, 2)

⓮ $9+5=\square$ (5 → 1, 4)

⓯ $8+4=\square$ (4 → 2, 2)

⓰ $7+8=\square$ (8 → 3, 5)

⓱ $6+8=\square$ (8 → 4, 4)

⓲ $5+7=\square$ (7 → 5, 2)

⓳ $8+5=\square$ (5 → 2, 3)

⓴ $7+7=\square$ (7 → 3, 4)

㉑ $9+6=\square$ (6 → 1, 5)

자르는 선

㉒ 2+9=□ (9를 1과 1로 가르기: 1 1)

㉓ 3+8=□ (1 2)

㉔ 4+9=□ (3 1)

㉕ 4+7=□ (1 3)

㉖ 3+9=□ (2 1)

㉗ 6+8=□ (4 2)

㉘ 5+7=□ (2 3)

㉙ 5+9=□ (4 1)

㉚ 7+6=□ (3 4)

㉛ 7+8=□ (5 2)

㉜ 6+7=□ (3 3)

㉝ 8+9=□ (7 1)

㉞ 4+8=□ (2 2)

㉟ 5+6=□ (1 4)

㊱ 6+6=□ (2 4)

㊲ 8+7=□ (5 3)

㊳ 8+6=□ (4 4)

㊴ 7+7=□ (4 3)

㊵ 5+8=□ (3 2)

㊶ 6+9=□ (5 1)

㊷ 7+9=□ (6 1)

자르는 선

2주 두 수의 합

❶ $6+8=\square$

❷ $5+6=\square$

❸ $8+6=\square$

❹ $8+4=\square$

❺ $4+9=\square$

❻ $5+8=\square$

❼ $6+6=\square$

❽ $7+5=\square$

❾ $9+4=\square$

❿ $7+7=\square$

⓫ $9+2=\square$

⓬ $8+9=\square$

⓭ $4+7=\square$

⓮ $3+9=\square$

⓯ $7+9=\square$

⓰ $9+9=\square$

⓱ $8+8=\square$

⓲ $9+6=\square$

⓳ $\begin{array}{r} 5 \\ +\ 7 \\ \hline \square \end{array}$

⓴ $\begin{array}{r} 9 \\ +\ 4 \\ \hline \square \end{array}$

㉑ $\begin{array}{r} 6 \\ +\ 7 \\ \hline \square \end{array}$

㉒ $\begin{array}{r} 4 \\ +\ 8 \\ \hline \square \end{array}$

㉓ $\begin{array}{r} 7 \\ +\ 7 \\ \hline \square \end{array}$

㉔ $\begin{array}{r} 3 \\ +\ 8 \\ \hline \square \end{array}$

㉕ $\begin{array}{r} 8 \\ +\ 5 \\ \hline \square \end{array}$

㉖ $\begin{array}{r} 2 \\ +\ 9 \\ \hline \square \end{array}$

자르는 선

월 일

㉗ $7+4=\square$ ㉘ $6+5=\square$ ㉙ $9+8=\square$

㉚ $9+3=\square$ ㉛ $8+5=\square$ ㉜ $3+8=\square$

㉝ $5+9=\square$ ㉞ $5+7=\square$ ㉟ $7+6=\square$

㊱ $6+9=\square$ ㊲ $6+7=\square$ ㊳ $9+5=\square$

㊴ $9+7=\square$ ㊵ $8+3=\square$ ㊶ $2+9=\square$

㊷ $4+8=\square$ ㊸ $7+8=\square$ ㊹ $8+7=\square$

㊺ $\begin{array}{r} 7 \\ +\ 6 \\ \hline \square \end{array}$ ㊻ $\begin{array}{r} 6 \\ +\ 8 \\ \hline \square \end{array}$ ㊼ $\begin{array}{r} 4 \\ +\ 7 \\ \hline \square \end{array}$ ㊽ $\begin{array}{r} 9 \\ +\ 5 \\ \hline \square \end{array}$

㊾ $\begin{array}{r} 9 \\ +\ 7 \\ \hline \square \end{array}$ ㊿ $\begin{array}{r} 8 \\ +\ 7 \\ \hline \square \end{array}$ (51) $\begin{array}{r} 5 \\ +\ 8 \\ \hline \square \end{array}$ (52) $\begin{array}{r} 8 \\ +\ 4 \\ \hline \square \end{array}$

자르는 선

3주 □가 있는 덧셈

❶ 7+□=12 ❷ 8+□=11 ❸ 6+□=12

❹ 9+□=15 ❺ 5+□=11 ❻ 8+□=17

❼ 4+□=12 ❽ 9+□=12 ❾ 8+□=13

❿ 7+□=16 ⓫ 7+□=14 ⓬ 5+□=13

⓭ 3+□=11 ⓮ 6+□=14 ⓯ 9+□=12

⓰ 8+□=15 ⓱ 9+□=17 ⓲ 2+□=11

⓳ $\begin{array}{r} 3 \\ +\ \square \\ \hline 11 \end{array}$

⓴ $\begin{array}{r} 8 \\ +\ \square \\ \hline 14 \end{array}$

㉑ $\begin{array}{r} 9 \\ +\ \square \\ \hline 15 \end{array}$

㉒ $\begin{array}{r} 5 \\ +\ \square \\ \hline 12 \end{array}$

㉓ $\begin{array}{r} 6 \\ +\ \square \\ \hline 12 \end{array}$

㉔ $\begin{array}{r} 7 \\ +\ \square \\ \hline 15 \end{array}$

㉕ $\begin{array}{r} 4 \\ +\ \square \\ \hline 12 \end{array}$

㉖ $\begin{array}{r} 6 \\ +\ \square \\ \hline 11 \end{array}$

자르는 선

월 일

㉗ □+7=12
㉘ □+3=12
㉙ □+4=11

㉚ □+8=16
㉛ □+8=15
㉜ □+9=16

㉝ □+9=13
㉞ □+4=12
㉟ □+5=11

㊱ □+7=16
㊲ □+6=13
㊳ □+5=14

㊴ □+7=13
㊵ □+9=14
㊶ □+6=14

㊷ □+9=12
㊸ □+9=18
㊹ □+9=15

㊺ $\begin{array}{r} \square \\ +\ 3 \\ \hline 12 \end{array}$

㊻ $\begin{array}{r} \square \\ +\ 7 \\ \hline 13 \end{array}$

㊼ $\begin{array}{r} \square \\ +\ 8 \\ \hline 15 \end{array}$

㊽ $\begin{array}{r} \square \\ +\ 4 \\ \hline 12 \end{array}$

㊾ $\begin{array}{r} \square \\ +\ 9 \\ \hline 18 \end{array}$

㊿ $\begin{array}{r} \square \\ +\ 6 \\ \hline 13 \end{array}$

51 $\begin{array}{r} \square \\ +\ 5 \\ \hline 14 \end{array}$

52 $\begin{array}{r} \square \\ +\ 2 \\ \hline 11 \end{array}$

자르는 선

4주 세 수의 합

❶ $2+1+8=\square$

❷ $6+4+2=\square$

❸ $5+2+6=\square$

❹ $3+5+3=\square$

❺ $4+4+7=\square$

❻ $1+8+9=\square$

❼ $6+3+2=\square$

❽ $8+1+2=\square$

❾ $7+1+8=\square$

❿ $4+3+5=\square$

⓫ $5+4+9=\square$

⓬ $7+2+6=\square$

⓭ $3+3+6=\square$

⓮ $2+6+6=\square$

⓯ $2+2+9=\square$

⓰ $3+5+6=\square$

⓱ $6+3+4=\square$

⓲ $5+4+4=\square$

⓳ $1+7+9=\square$

⓴ $4+2+7=\square$

자르는 선

월 일

㉑ 3+2+6=□

㉒ 4+3+5=□

㉓ 7+1+4=□

㉔ 2+4+7=□

㉕ 6+3+8=□

㉖ 5+3+4=□

㉗ 3+1+7=□

㉘ 4+2+9=□

㉙ 2+7+4=□

㉚ 8+1+5=□

㉛ 5+4+3=□

㉜ 7+2+3=□

㉝ 1+6+8=□

㉞ 6+2+4=□

㉟ 4+4+4=□

㊱ 3+4+9=□

㊲ 6+1+5=□

㊳ 2+5+8=□

㊴ 3+5+7=□

㊵ 4+1+7=□

자르는 선

5주 문장이 있는 덧셈

❶ 8보다 6 큰 수는 얼마입니까?

□ + □ = □

❷ 오렌지가 6개, 키위가 6개 있습니다. 과일은 모두 몇 개입니까?

□ + □ = □ 개

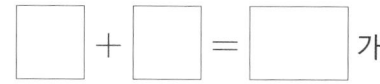

❸ 농장에 염소가 7마리, 망아지가 7마리 있습니다. 모두 몇 마리입니까?

□ + □ = □ 마리

❹ 칭찬 스티커를 슬기는 8개, 진우는 6개 모았습니다. 두 사람이 모은 칭찬 스티커는 모두 몇 개입니까?

□ + □ = □ 개

❺ 철호는 딱풀을 3개 가지고 있습니다. 민주는 철호보다 9개 더 가지고 있습니다. 민주가 가지고 있는 딱풀은 모두 몇 개입니까?

□ + □ = □ 개

❻ 재호는 어제 윗몸 일으키기를 8번 하였습니다. 오늘은 어제보다 9번 더 하였습니다. 재호는 오늘 윗몸 일으키기를 몇 번 하였습니까?

□ + □ = □ 번

자르는 선

월 일

⑦ 태희는 7살입니다. 8년 후에는 몇 살이 됩니까?

□ + □ = □ 살

⑧ 사과가 9개, 딸기가 3개 있습니다. 과일은 모두 몇 개입니까?

□ + □ = □ 개

⑨ 야구공이 5개, 농구공이 6개 있습니다. 공은 모두 몇 개입니까?

□ + □ = □ 개

⑩ 공깃돌을 소희는 9개, 재희는 8개 가지고 있습니다. 두 사람이 가진 공깃돌은 모두 몇 개입니까?

□ + □ = □ 개

⑪ 동물원에 여우가 6마리 있습니다. 코끼리가 여우보다 9마리 더 많습니다. 코끼리는 몇 마리입니까?

□ + □ = □ 마리

⑫ 재호는 어제 동화책을 4쪽까지 읽었습니다. 오늘은 어제보다 8쪽을 더 읽었습니다. 오늘 몇 쪽을 읽었습니까?

□ + □ = □ 쪽

자르는 선

조각 덧셈

❶

+	1	2	3	4	5	6	7	8	9
1									
2									
3									
4									
5									
6									
7									
8									
9									

자르는 선

월 일

❷

+	7	3	2	5	6	1	4	9	8
7									
8									
3									
9									
4									
2									
1									
6									
5									

자르는 선

7주 덧셈 문제해결 (1)

❶

+	1	2	3
1			
2			
3			

❷

+	4	5	6
4			
5			
6			

❸

+	7	8	9
7			
8			
9			

❹

+	1	2	3
4			
5			
6			

❺

+	4	5	6
7			
8			
9			

❻

+	1	2	3
7			
8			
9			

자르는 선

월 일

❼

+	3	7	6
2			
8			
5			

❽

+	4	5	9
1			
3			
7			

❾

+	6	4	8
7			
9			
4			

❿

+	2	7	5
3			
8			
6			

⓫

+	5	1	7
5			
4			
8			

⓬

+	8	6	9
4			
7			
5			

자르는 선

8주 덧셈 문제해결 (2)

❶ $3+2+\square=13$

❷ $5+1+\square=14$

❸ $2+6+\square=15$

❹ $3+4+\square=12$

❺ $7+1+\square=16$

❻ $2+\square+3=11$

❼ $6+\square+4=13$

❽ $8+\square+7=16$

❾ $7+\square+7=15$

❿ $4+\square+8=17$

⓫ $1+\square+5=11$

⓬ $5+\square+4=12$

⓭ $\square+3+7=15$

⓮ $\square+5+9=15$

⓯ $\square+4+4=11$

⓰ $\square+2+5=13$

⓱ $\square+1+9=18$

⓲ $\square+6+5=14$

⓳ $\square+6+8=16$

⓴ $\square+3+8=12$

자르는 선

월 일

㉑ $\square + 1 + 8 = 11$

㉒ $6 + \square + 8 = 15$

㉓ $2 + \square + 7 = 15$

㉔ $5 + 3 + \square = 11$

㉕ $3 + 6 + \square = 11$

㉖ $\square + 1 + 9 = 18$

㉗ $4 + \square + 9 = 18$

㉘ $3 + \square + 5 = 14$

㉙ $1 + 7 + \square = 16$

㉚ $3 + 4 + \square = 12$

㉛ $\square + 4 + 7 = 15$

㉜ $6 + \square + 6 = 14$

㉝ $1 + \square + 2 = 11$

㉞ $\square + 5 + 6 = 13$

㉟ $2 + 2 + \square = 13$

㊱ $3 + 3 + \square = 12$

㊲ $2 + \square + 6 = 15$

㊳ $4 + \square + 4 = 13$

㊴ $\square + 1 + 9 = 17$

㊵ $\square + 3 + 6 = 12$

자르는 선

정 답

1주 10 만들어 덧셈하기

1~2쪽

❶ 12 ❷ 11 ❸ 13 ❹ 11 ❺ 15 ❻ 14 ❼ 12 ❽ 14 ❾ 13 ❿ 15 ⓫ 13 ⓬ 11
⓭ 12 ⓮ 14 ⓯ 12 ⓰ 15 ⓱ 14 ⓲ 12 ⓳ 13 ⓴ 14 ㉑ 15 ㉒ 11 ㉓ 11 ㉔ 13
㉕ 11 ㉖ 12 ㉗ 14 ㉘ 12 ㉙ 14 ㉚ 13 ㉛ 15 ㉜ 13 ㉝ 17 ㉞ 12 ㉟ 11 ㊱ 12
㊲ 15 ㊳ 14 ㊴ 14 ㊵ 13 ㊶ 15 ㊷ 16

2주 두 수의 합

3~4쪽

❶ 14 ❷ 11 ❸ 14 ❹ 12 ❺ 13 ❻ 13 ❼ 12 ❽ 12 ❾ 13 ❿ 14 ⓫ 11 ⓬ 17
⓭ 11 ⓮ 12 ⓯ 16 ⓰ 18 ⓱ 16 ⓲ 15 ⓳ 12 ⓴ 13 ㉑ 13 ㉒ 12 ㉓ 14 ㉔ 11
㉕ 13 ㉖ 11 ㉗ 11 ㉘ 11 ㉙ 17 ㉚ 12 ㉛ 13 ㉜ 11 ㉝ 14 ㉞ 12 ㉟ 13 ㊱ 15
㊲ 13 ㊳ 14 ㊴ 16 ㊵ 11 ㊶ 11 ㊷ 12 ㊸ 15 ㊹ 15 ㊺ 13 ㊻ 14 ㊼ 11 ㊽ 14
㊾ 16 ㊿ 15 51 13 52 12

3주 □가 있는 덧셈

5~6쪽

❶ 5 ❷ 3 ❸ 6 ❹ 6 ❺ 6 ❻ 9 ❼ 8 ❽ 3 ❾ 5 ❿ 9 ⓫ 7 ⓬ 8
⓭ 8 ⓮ 8 ⓯ 3 ⓰ 7 ⓱ 8 ⓲ 9 ⓳ 8 ⓴ 6 ㉑ 6 ㉒ 7 ㉓ 6 ㉔ 8
㉕ 8 ㉖ 5 ㉗ 5 ㉘ 9 ㉙ 7 ㉚ 8 ㉛ 7 ㉜ 7 ㉝ 4 ㉞ 8 ㉟ 6 ㊱ 9
㊲ 7 ㊳ 9 ㊴ 6 ㊵ 5 ㊶ 8 ㊷ 3 ㊸ 9 ㊹ 6 ㊺ 9 ㊻ 6 ㊼ 7 ㊽ 8
㊾ 9 ㊿ 7 51 9 52 9

4주 세 수의 합

7~8쪽

❶ 11 ❷ 12 ❸ 13 ❹ 11 ❺ 15 ❻ 18 ❼ 11 ❽ 11 ❾ 16 ❿ 12 ⓫ 18 ⓬ 15
⓭ 12 ⓮ 14 ⓯ 13 ⓰ 14 ⓱ 13 ⓲ 13 ⓳ 17 ⓴ 13 ㉑ 11 ㉒ 12 ㉓ 12 ㉔ 13
㉕ 17 ㉖ 12 ㉗ 11 ㉘ 15 ㉙ 13 ㉚ 14 ㉛ 12 ㉜ 12 ㉝ 15 ㉞ 12 ㉟ 12 ㊱ 16
㊲ 12 ㊳ 15 ㊴ 15 ㊵ 12

5주 문장이 있는 덧셈

9~10쪽

❶ 8, 6, 14 ❷ 6, 6, 12 ❸ 7, 7, 14 ❹ 8, 6, 14 ❺ 3, 9, 12 ❻ 8, 9, 17
❼ 7, 8, 15 ❽ 9, 3, 12 ❾ 5, 6, 11 ❿ 9, 8, 17 ⓫ 6, 9, 15 ⓬ 4, 8, 12

6주 조각 덧셈

11~12쪽

❶ 2, 3, 4, 5, 6, 7, 8, 9, 10/3, 4, 5, 6, 7, 8, 9, 10, 11/4, 5, 6, 7, 8, 9, 10, 11, 12/5, 6, 7, 8, 9, 10, 11, 12, 13/6, 7, 8, 9, 10, 11, 12, 13, 14/7, 8, 9, 10, 11, 12, 13, 14, 15/8, 9, 10, 11, 12, 13, 14, 15, 16/9, 10, 11, 12, 13, 14, 15, 16, 17/10, 11, 12, 13, 14, 15, 16, 17, 18
❷ 14, 10, 9, 12, 13, 8, 11, 16, 15/15, 11, 10, 13, 14, 9, 12, 17, 16/10, 6, 5, 8, 9, 4, 7, 12, 11 / 16, 12, 11, 14, 15, 10, 13, 18, 17/11, 7, 6, 9, 10, 5, 8, 13, 12/9, 5, 4, 7, 8, 3, 6, 11, 10/8, 4, 3, 6, 7, 2, 5, 10, 9/13, 9, 8, 11, 12, 7, 10, 15, 14/12, 8, 7, 10, 11, 6, 9, 14, 13

7주 덧셈 문제해결 (1)

13~14쪽

❶ 2, 3, 4, 3, 4, 5, 4, 5, 6
❷ 8, 9, 10, 9, 10, 11, 10, 11, 12
❸ 14, 15, 16, 15, 16, 17, 16, 17, 18
❹ 5, 6, 7, 6, 7, 8, 7, 8, 9
❺ 11, 12, 13, 12, 13, 14, 13, 14, 15
❻ 8, 9, 10, 9, 10, 11, 10, 11, 12
❼ 5, 9, 8, 11, 15, 14, 8, 12, 11
❽ 5, 6, 10, 7, 8, 12, 11, 12, 16
❾ 13, 11, 15, 15, 13, 17, 10, 8, 12
❿ 5, 10, 8, 10, 15, 13, 8, 13, 11
⓫ 10, 6, 12, 9, 5, 11, 13, 9, 15
⓬ 12, 10, 13, 15, 13, 16, 13, 11, 14

8주 덧셈 문제해결 (2)

15~16쪽

❶ 8 ❷ 8 ❸ 7 ❹ 5 ❺ 8 ❻ 6 ❼ 3 ❽ 1 ❾ 1 ❿ 5 ⓫ 5 ⓬ 3
⓭ 5 ⓮ 1 ⓯ 3 ⓰ 6 ⓱ 8 ⓲ 3 ⓳ 2 ⓴ 1 ㉑ 2 ㉒ 1 ㉓ 6 ㉔ 3
㉕ 2 ㉖ 8 ㉗ 5 ㉘ 6 ㉙ 8 ㉚ 5 ㉛ 4 ㉜ 2 ㉝ 8 ㉞ 2 ㉟ 9 ㊱ 6
㊲ 7 ㊳ 5 ㊴ 7 ㊵ 3

사고셈

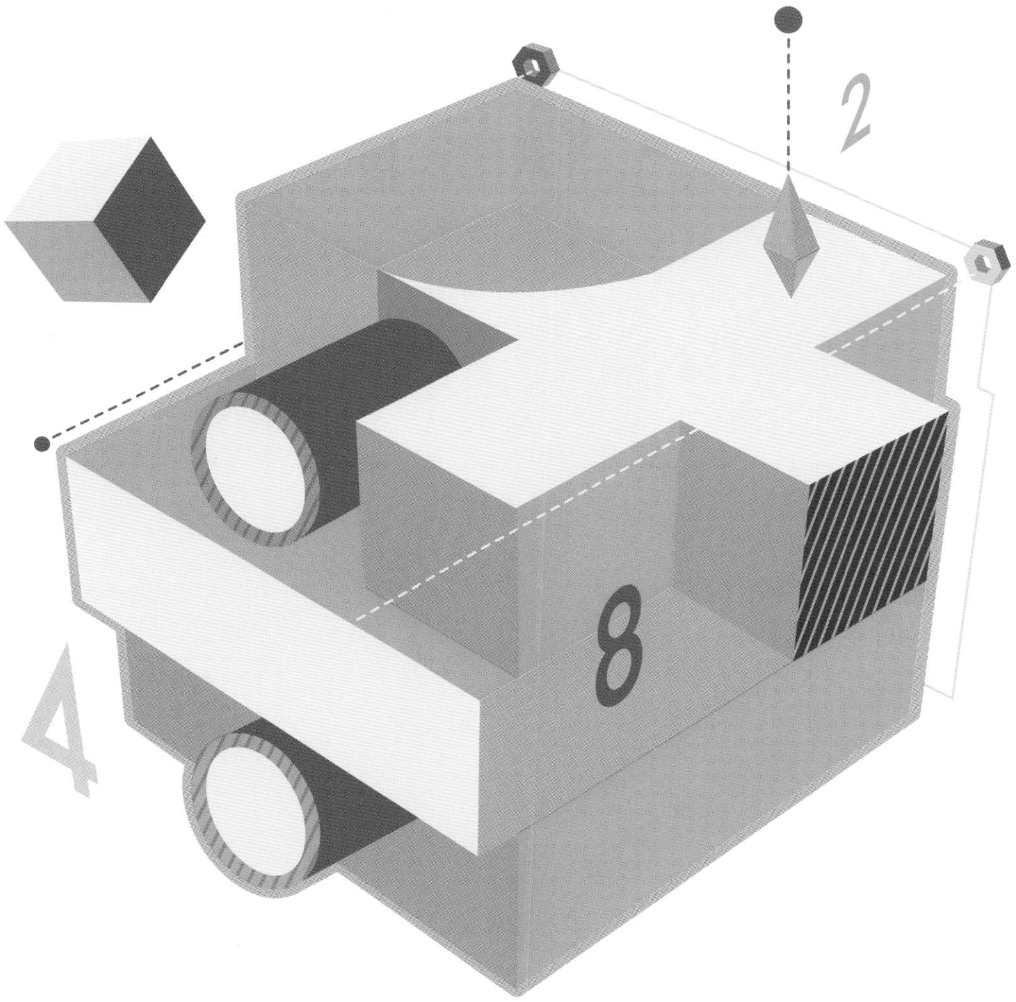

초등1 1호

이 책의 구성과 특징

생각의 힘을 키우는 사고(思考)셈은 1주 4개, 8주 32개의 사고력 유형 학습을 통해 수와 연산에 대한 개념의 응용력(추론 및 문제해결능력)을 키울 수 있도록 하였습니다.

사고력 연산

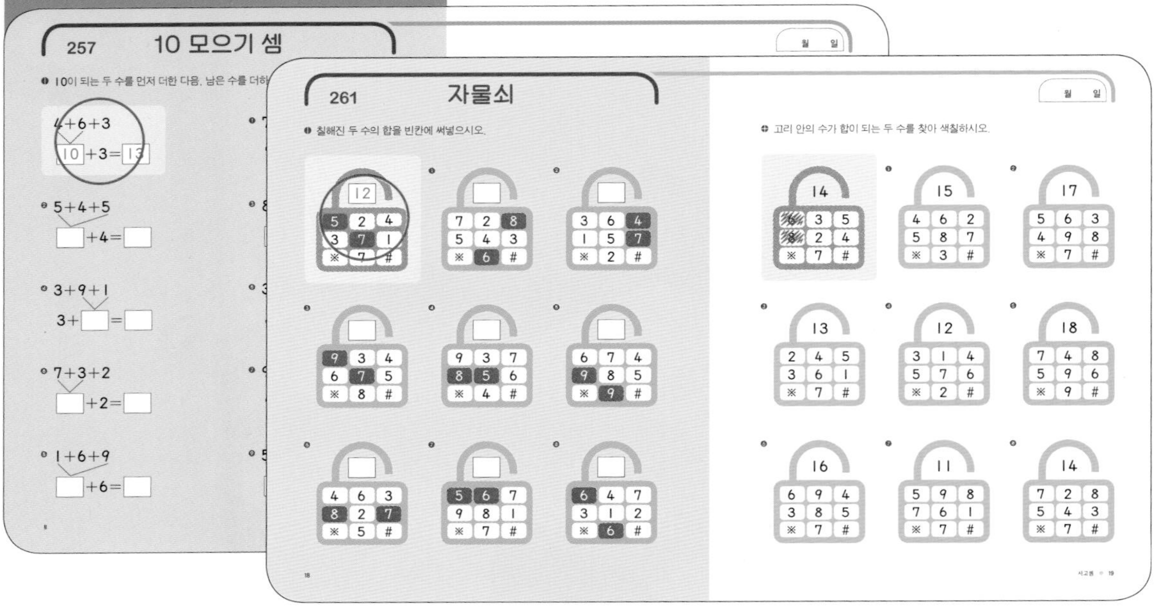

- 대표 사고력 유형으로 연산 원리를 쉽게쉽게
- 1~4일차: 다양한 유형의 주 진도 학습

잘 공부했는지 알아봅시다.

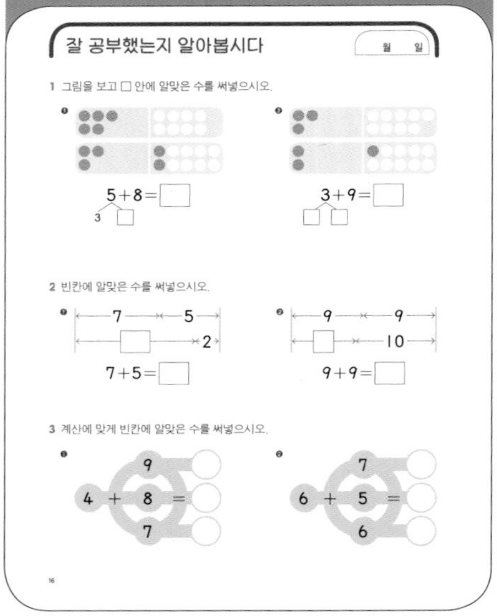

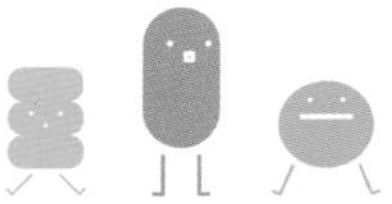

- 5일차 점검 학습: 주 진도 학습 확인

권두부록 (기본연산 Check-Book)

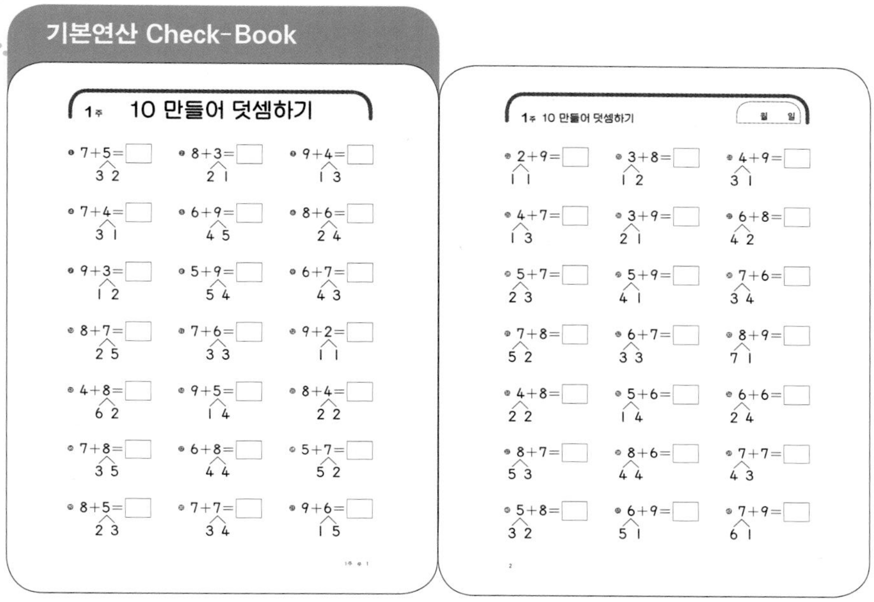

- 본 학습 전 기본연산 실력 진단

권말부록 (G-Book)

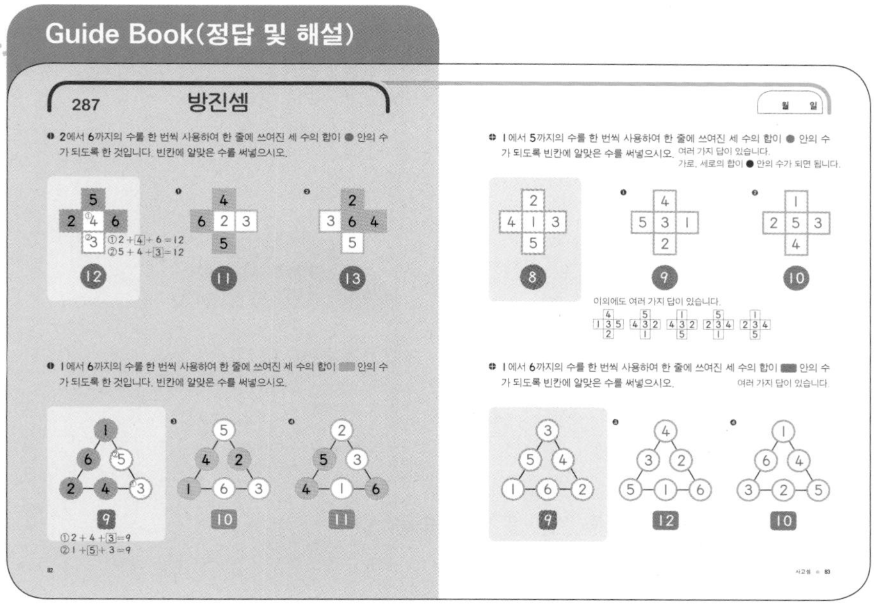

Guide Book(정답 및 해설)
287 방진셈
2에서 6까지의 수를 한 번씩 사용하여 한 줄에 쓰여진 세 수의 합이 ● 안의 수가 되도록 한 것입니다. 빈칸에 알맞은 수를 써넣으시오.
①2+4+6=12
②5+4+3=12
1에서 5까지의 수를 한 번씩 사용하여 한 줄에 쓰여진 세 수의 합이 ● 안의 수가 되도록 빈칸에 알맞은 수를 써넣으시오.
여러 가지 답이 있습니다.
가로, 세로의 합이 ● 안의 수가 되면 됩니다.
이외에도 여러 가지 답이 있습니다.
1에서 6까지의 수를 한 번씩 사용하여 한 줄에 쓰여진 세 수의 합이 ■ 안의 수가 되도록 한 것입니다. 빈칸에 알맞은 수를 써넣으시오.
①2+4+3=9
②1+5+3=9
1에서 6까지의 수를 한 번씩 사용하여 한 줄에 쓰여진 세 수의 합이 ■ 안의 수가 되도록 빈칸에 알맞은 수를 써넣으시오.
여러 가지 답이 있습니다.

- 문제와 답을 한 눈에!
- 상세한 풀이와 친절한 해설, 답

학습 효과 및 활용법

학습 효과

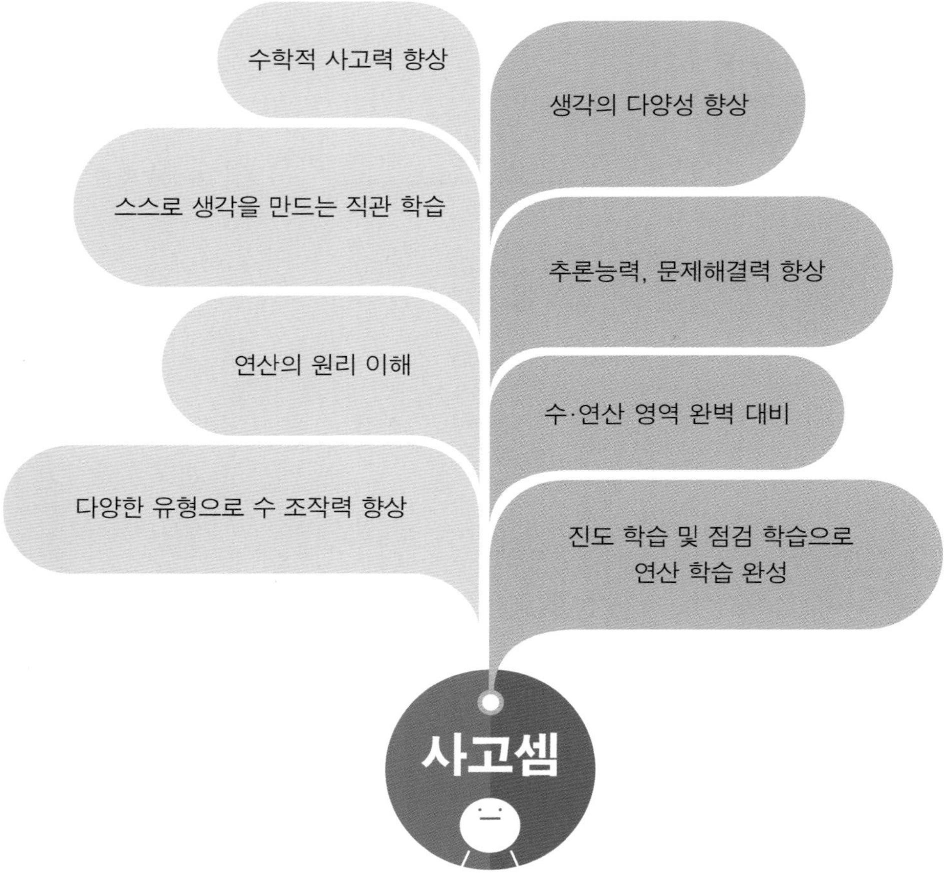

주차별 활용법

1단계 기본연산 Check-Book으로 준비 학습 → **2단계** 사고력 유형으로 진도 학습 → **3단계** 마무리 문제로 점검 학습

1단계 : 기본연산 Check-Book으로 사고력 연산을 위한 준비 학습을 합니다.

2단계 : 사고력 유형으로 사고력 연산의 진도 학습을 합니다.

3단계 : 한 주마다 점검 학습(잘 공부했는지 알아봅시다)으로 사고력 향상을 확인합니다.

학습 구성

6세

1호	10까지의 수
2호	더하기 빼기 1과 2
3호	합이 9까지인 덧셈
4호	한 자리 수의 뺄셈과 세 수의 계산

7세

1호	한 자리 수의 덧셈과 뺄셈
2호	10 만들기
3호	50까지의 수
4호	더하기 빼기 1과 2, 10과 20

초등 1

1호	덧셈구구
2호	뺄셈구구와 덧셈, 뺄셈 혼합
3호	100까지의 수, 1000까지의 수
4호	받아올림, 받아내림 없는 두 자리 수의 계산

초등 2

1호	두 자리 수와 한 자리 수의 덧셈과 뺄셈
2호	두 자리 수의 덧셈과 뺄셈
3호	곱셈구구
4호	곱셈과 나눗셈 구구

초등 3

1호	세·네 자리 수의 덧셈과 뺄셈
2호	분수와 소수의 기초
3호	두 자리 수의 곱셈과 나눗셈
4호	분수

초등 4

1호	분수의 덧셈과 뺄셈
2호	혼합 계산
3호	소수의 덧셈과 뺄셈
4호	어림하기

이 책의 **학습 로드맵**

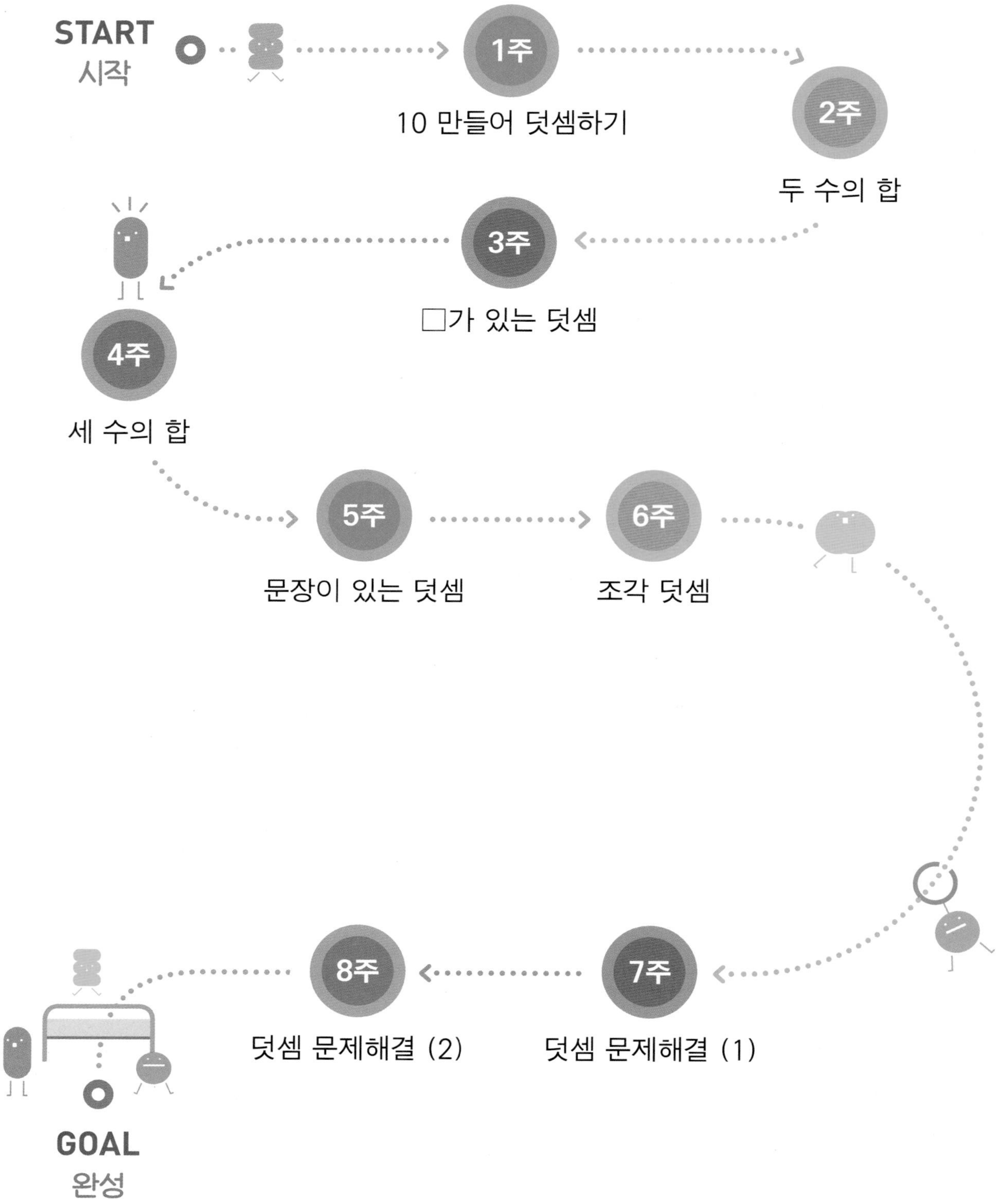
START
시작
1주
10 만들어 덧셈하기
2주
두 수의 합
3주
□가 있는 덧셈
4주
세 수의 합
5주
문장이 있는 덧셈
6주
조각 덧셈
7주
덧셈 문제해결 (1)
8주
덧셈 문제해결 (2)
GOAL
완성

1

10 만들어 덧셈하기

257 10 모으기 셈

◐ 10이 되는 두 수를 먼저 더한 다음, 남은 수를 더하시오.

$4+6+3$

$\boxed{10}+3=\boxed{13}$

❶ $7+2+8$

$7+\square=\square$

❷ $5+4+5$

$\square+4=\square$

❸ $8+2+5$

$\square+5=\square$

❹ $3+9+1$

$3+\square=\square$

❺ $3+8+7$

$8+\square=\square$

❻ $7+3+2$

$\square+2=\square$

❼ $9+6+4$

$9+\square=\square$

❽ $1+6+9$

$\square+6=\square$

❾ $5+5+1$

$\square+1=\square$

합이 10이 되는 두 수를 찾아 ○표 한 후, 선으로 잇고 계산을 하시오.

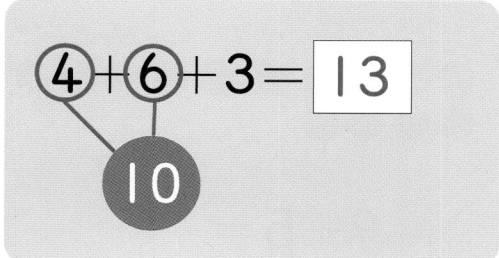

(보기) ④+⑥+3= 13
10

❶ 7+9+3= □
10

❷ 7+9+1= □
10

❸ 6+3+4= □
10

❹ 3+7+5= □
10

❺ 5+1+5= □
10

❻ 8+4+6= □
10

❼ 1+9+4= □
10

❽ 6+2+8= □
10

❾ 7+2+3= □
10

258 가르기 덧셈

◑ 10이 되도록 ○를 그리고, ●를 /로 지워 덧셈을 하시오.

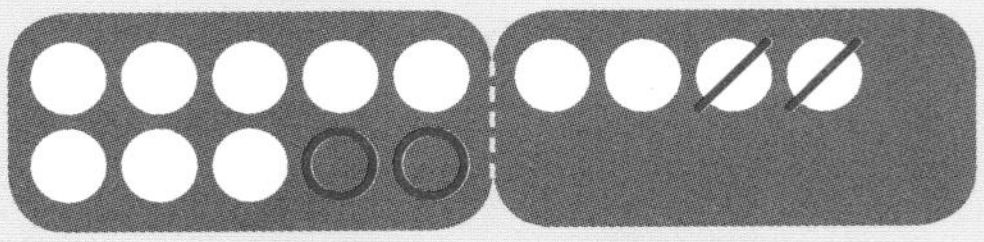

8＋4＝ 12

❶ 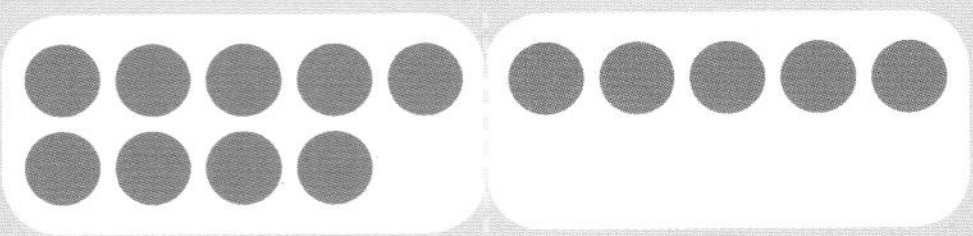

9＋5＝ □

❷ 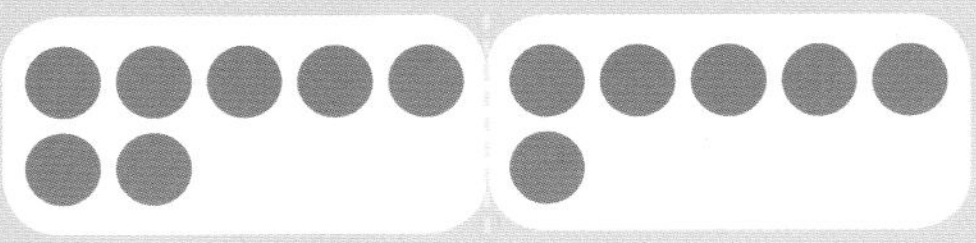

7＋6＝ □

❸ 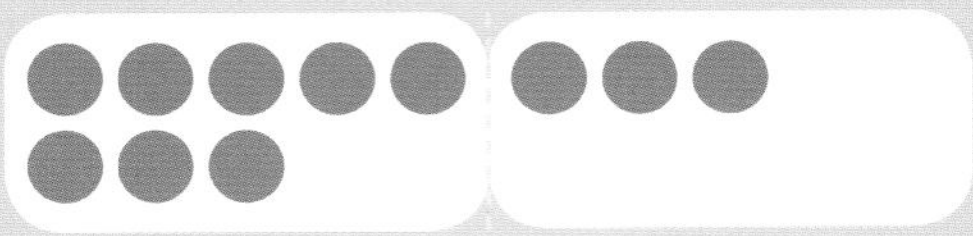

8＋3＝ □

4＋7＝ 11

❹ 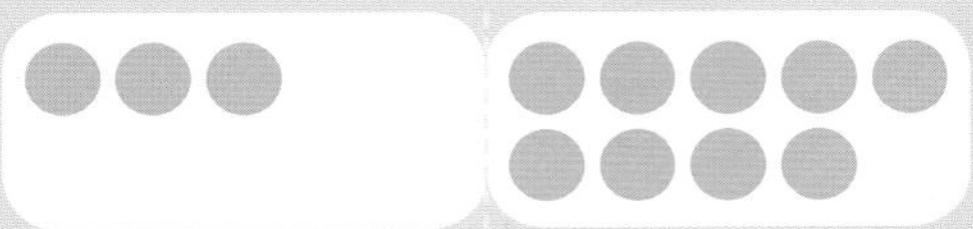

3＋9＝ □

❺ 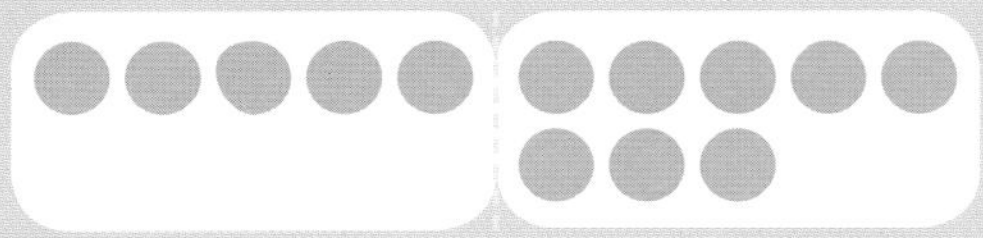

5＋8＝ □

❻ 

4＋8＝ □

◆ 10이 되도록 수를 갈라 덧셈을 합니다. 빈칸에 알맞은 수를 써넣으시오.

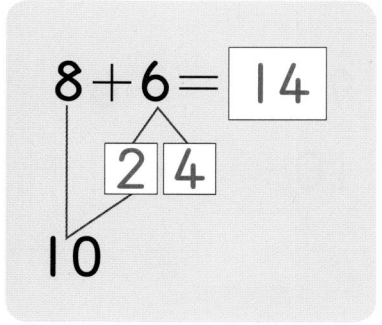

(예) 8+6= 14
2 4
10

❶ 9+2= □
□ □
10

❷ 7+5= □
□ □
10

❸ 9+3= □
□ □
10

❹ 8+7= □
□ □
10

❺ 8+5= □
□ □
10

(예) 2+9= 11
1 1
10

❻ 6+8= □
□ □
10

❼ 4+7= □
□ □
10

❽ 4+9= □
□ □
10

❾ 6+9= □
□ □
10

❿ 7+8= □
□ □
10

259 치수선

◐ 빈칸에 알맞은 수를 써넣으시오.

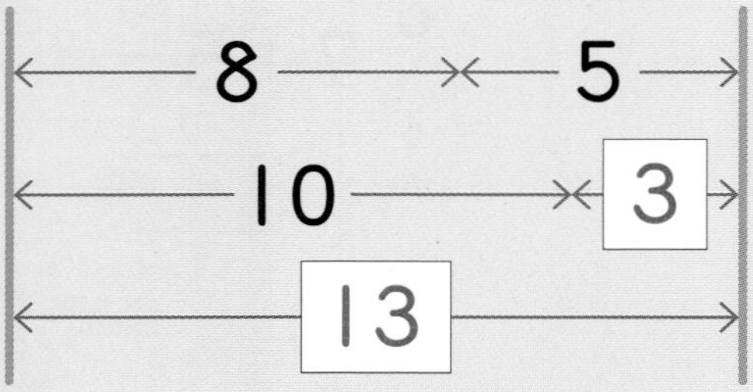

❶
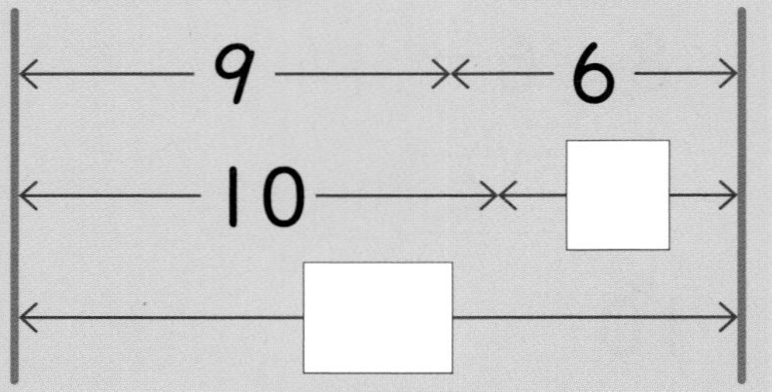

❷
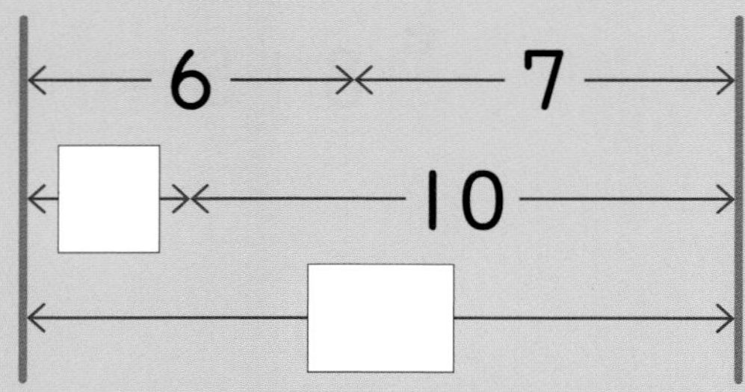

❸
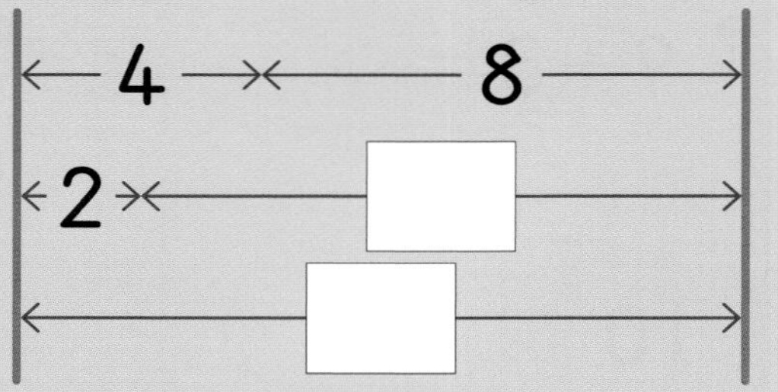

❹
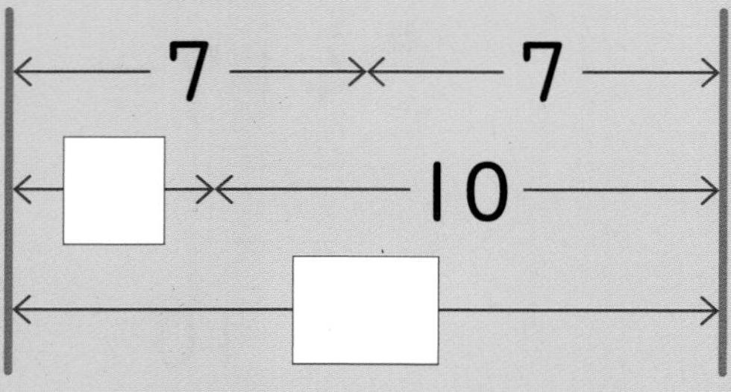

❺
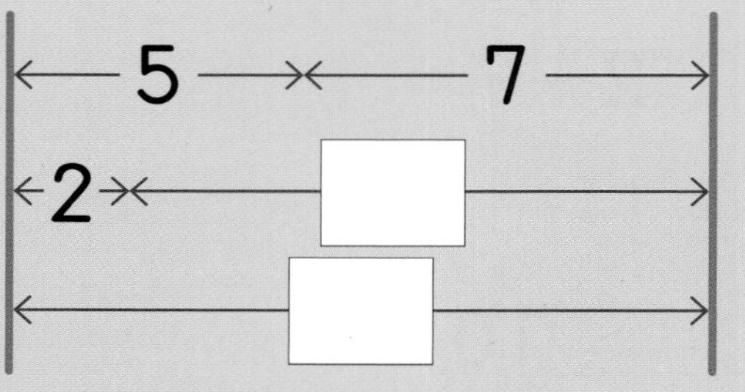

❻
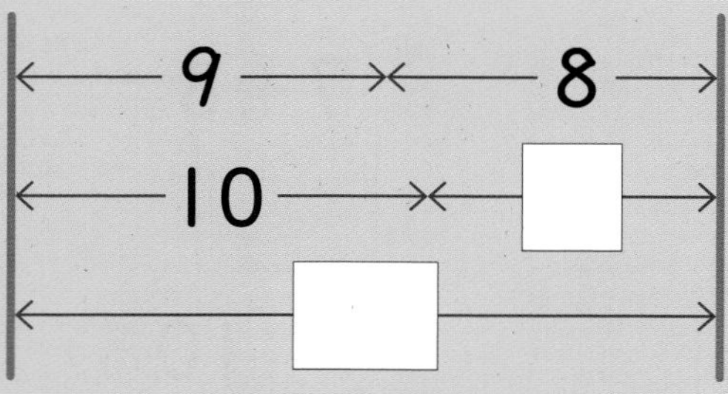

❼
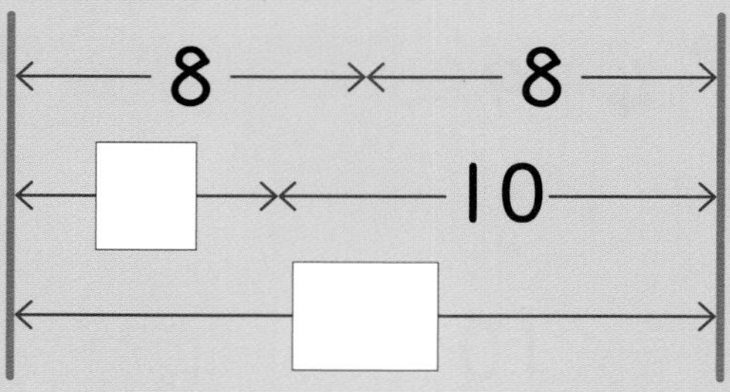

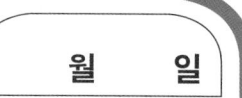

빈칸에 알맞은 수를 써넣으시오.

8 6
14

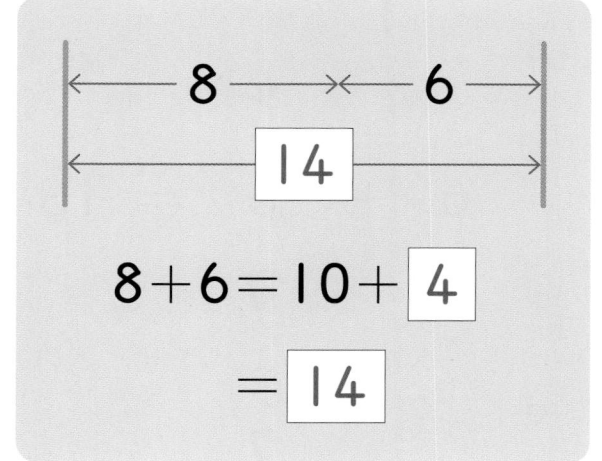

$8+6=10+\boxed{4}$
$=\boxed{14}$

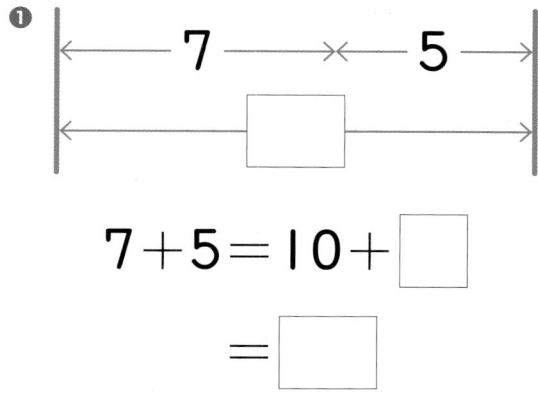

❶ 7 5
$\square$

$7+5=10+\square$
$=\square$

❷ 4 8
$\square$

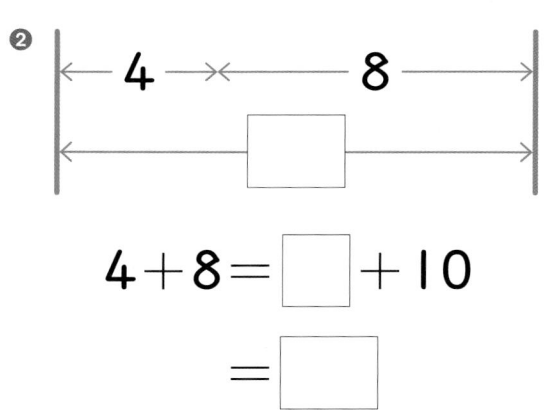

$4+8=\square+10$
$=\square$

❸ 3 8
$\square$

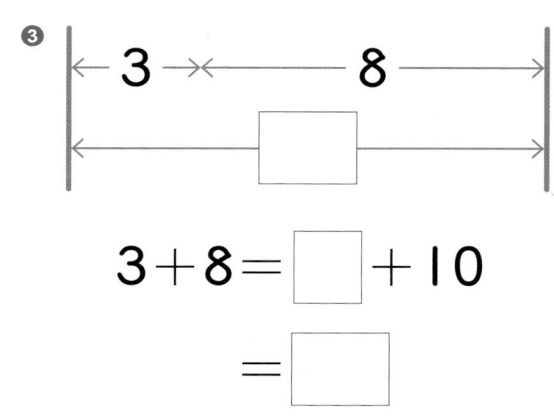

$3+8=\square+10$
$=\square$

❹ 5 6
$\square$

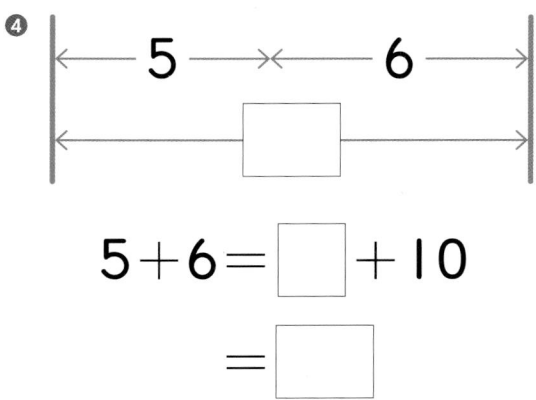

$5+6=\square+10$
$=\square$

❺ 9 9
$\square$

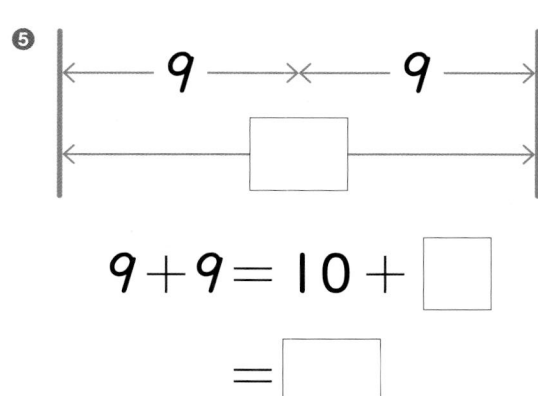

$9+9=10+\square$
$=\square$

260 갈림길

◐ 계산에 맞게 선을 그으시오.

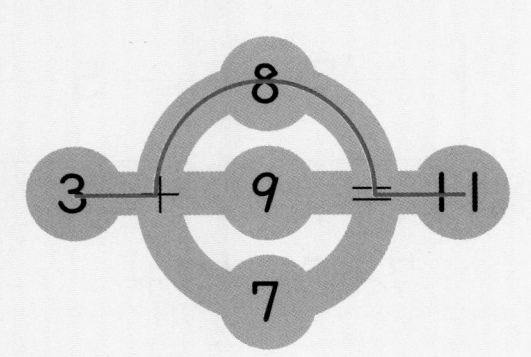

(예시)

8

3 + 9 = 11

7

❶

4

6 + 6 = 13

7

❷

6

9 + 8 = 17

9

❸

7

7 + 4 = 13

6

❹

6

5 + 9 = 14

5

❺

7

4 + 8 = 11

9

❻

7

2 + 5 = 11

9

❼

3

8 + 8 = 16

7

⊕ 계산에 맞게 빈칸에 알맞은 수를 써넣으시오.

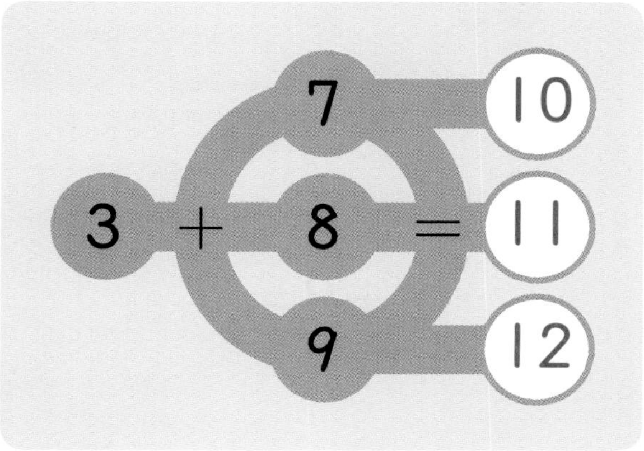

❶

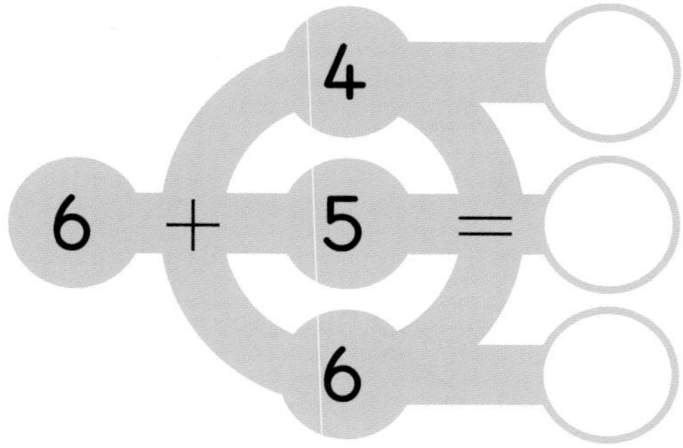

❷

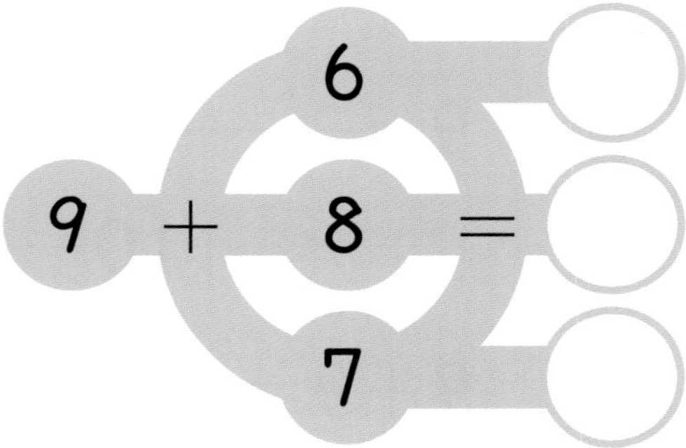

❸

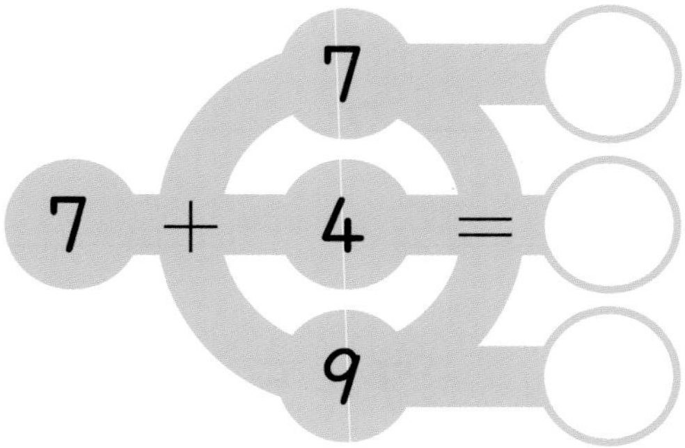

❹

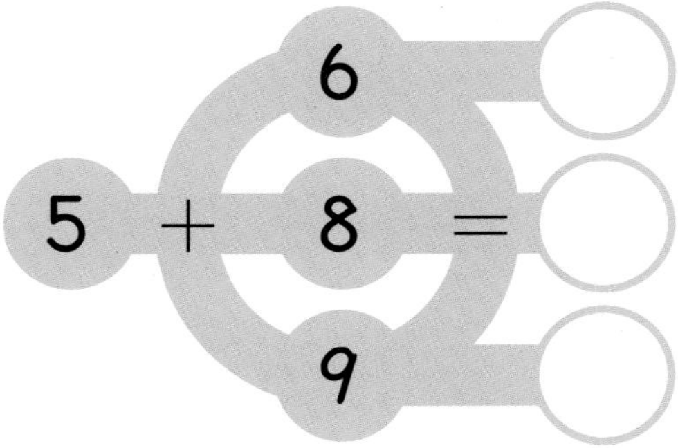

❺

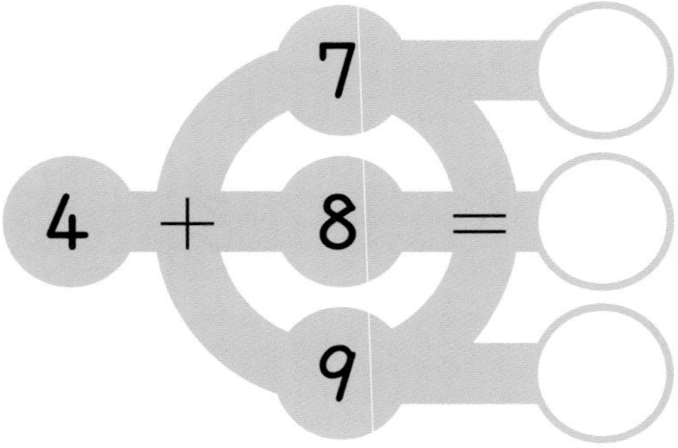

잘 공부했는지 알아봅시다

월 일

1 그림을 보고 □ 안에 알맞은 수를 써넣으시오.

❶

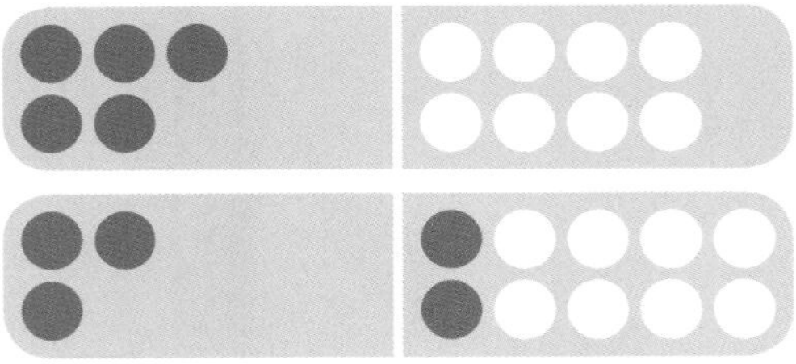

$5+8=\square$

3 □

❷

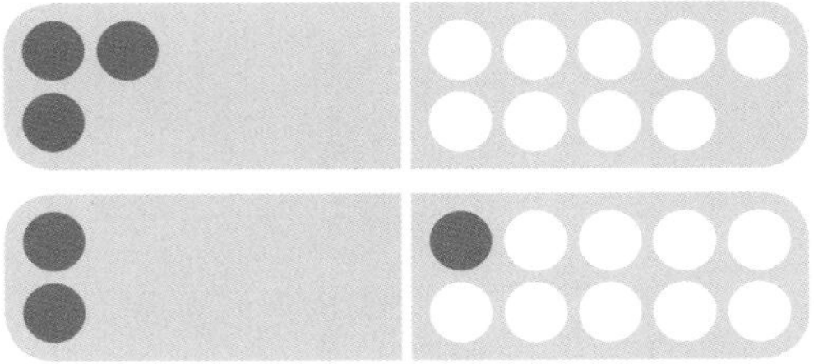

$3+9=\square$

□ □

2 빈칸에 알맞은 수를 써넣으시오.

❶

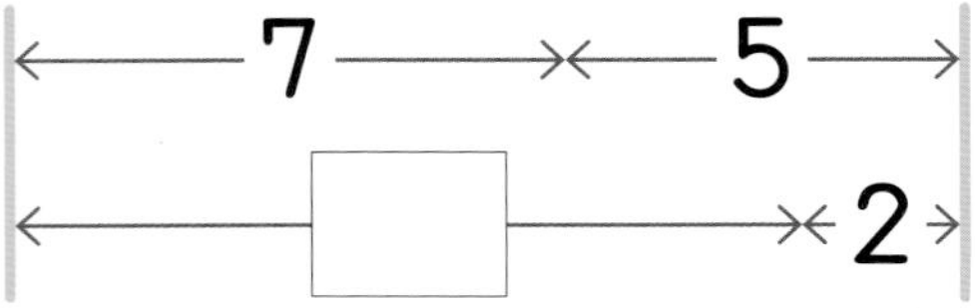

$7+5=\square$

❷

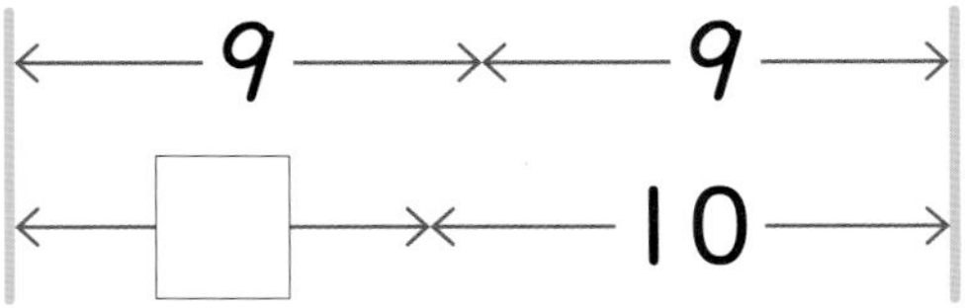

$9+9=\square$

3 계산에 맞게 빈칸에 알맞은 수를 써넣으시오.

❶

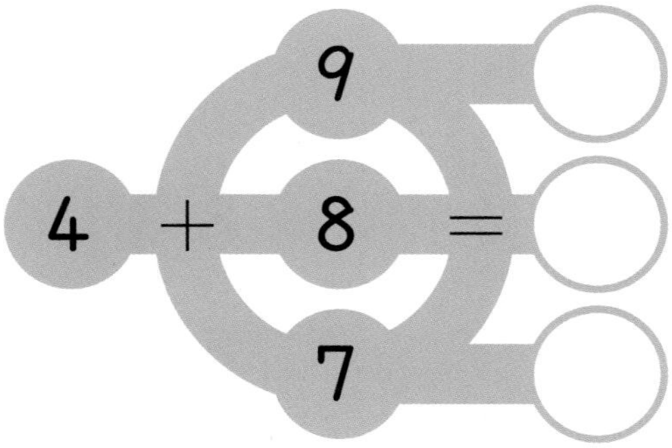

❷

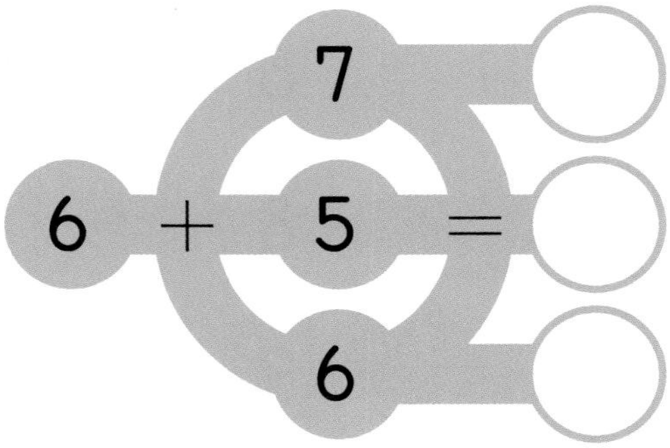

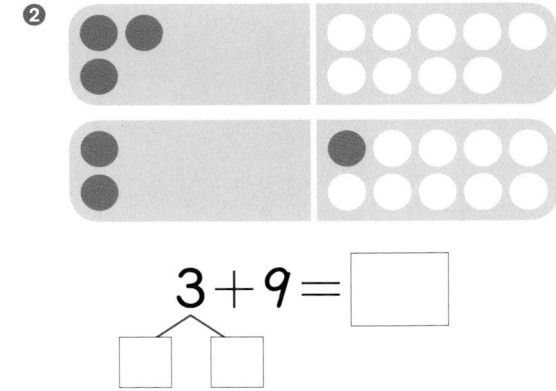

2 두 수의 합

261 자물쇠

◐ 칠해진 두 수의 합을 빈칸에 써넣으시오.

❶

❷

❸

❹

❺

❻

❼

❽

월 일

◆ 고리 안의 수가 합이 되는 두 수를 찾아 색칠하시오.

14

6	3	5
8	2	4
※	7	#

❶ 15

4	6	2
5	8	7
※	3	#

❷ 17

5	6	3
4	9	8
※	7	#

❸ 13

2	4	5
3	6	1
※	7	#

❹ 12

3	1	4
5	7	6
※	2	#

❺ 18

7	4	8
5	9	6
※	9	#

❻ 16

6	9	4
3	8	5
※	7	#

❼ 11

5	9	8
7	6	1
※	7	#

❽ 14

7	2	8
5	4	3
※	7	#

도형 연결

◐ 두 수의 합이 ● 안의 수가 되도록 선으로 이으시오.

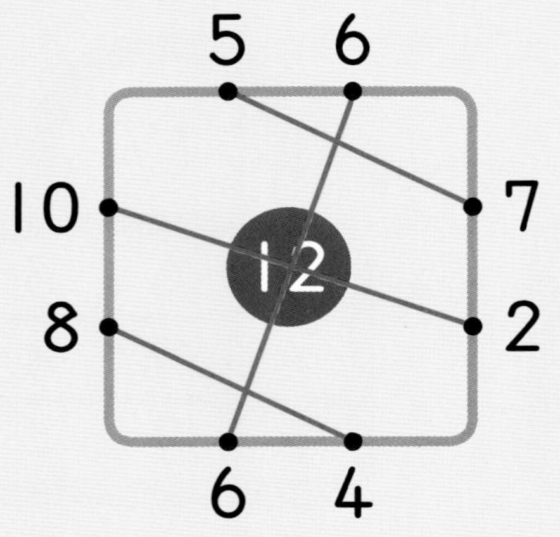

❶

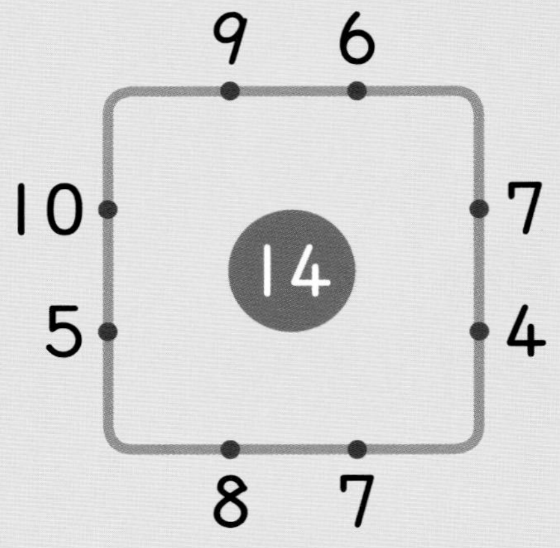

❷

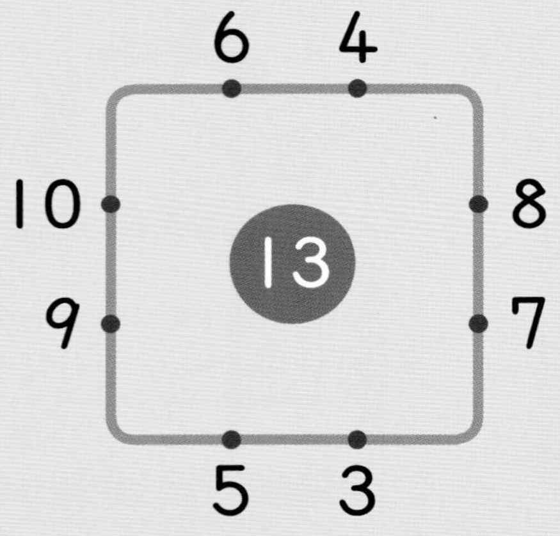

❸

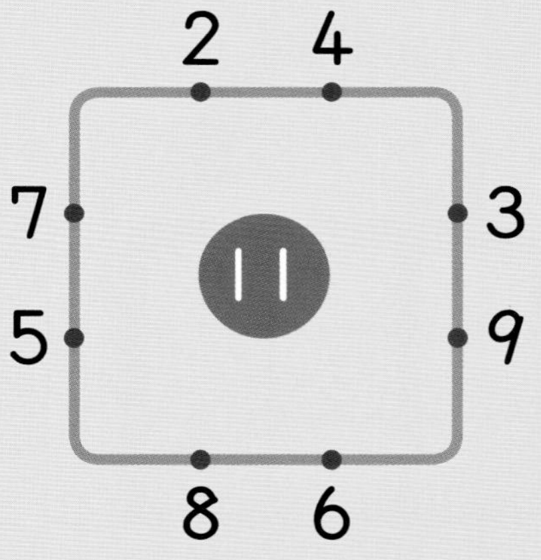

❹

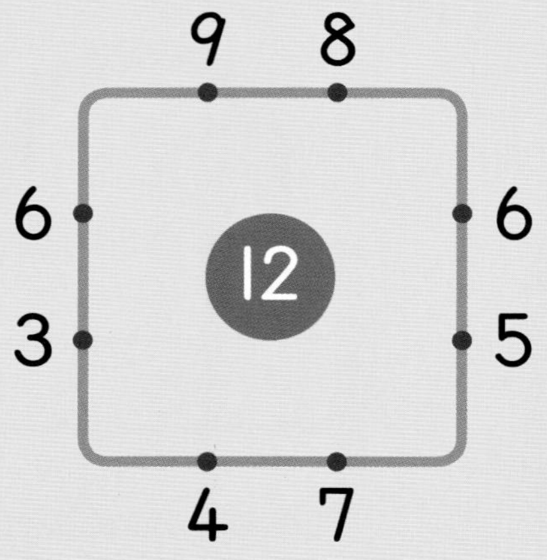

❺

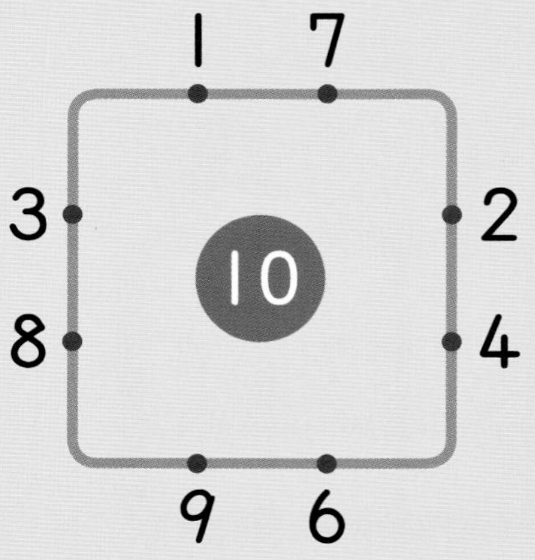

⊕ 이어진 두 수의 합이 같도록 선으로 잇고, ○ 안에 두 수의 합을 써넣으시오.

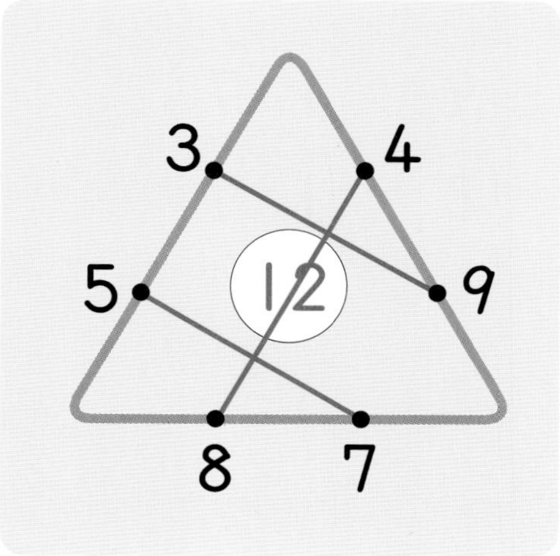

❶

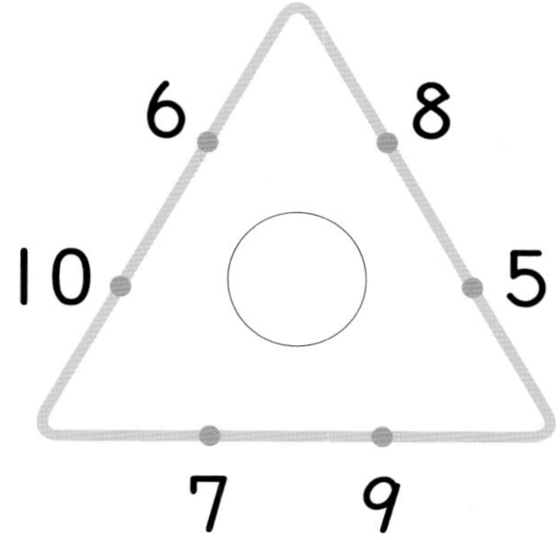

❷

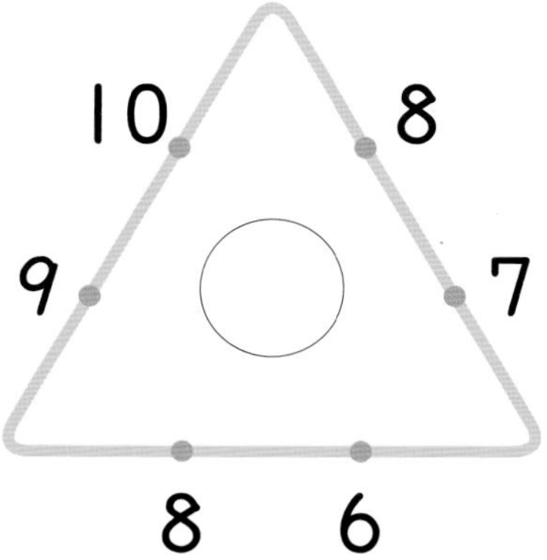

❸

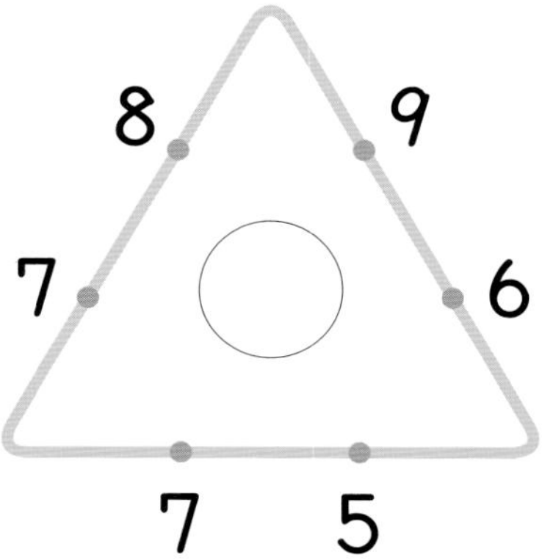

❹

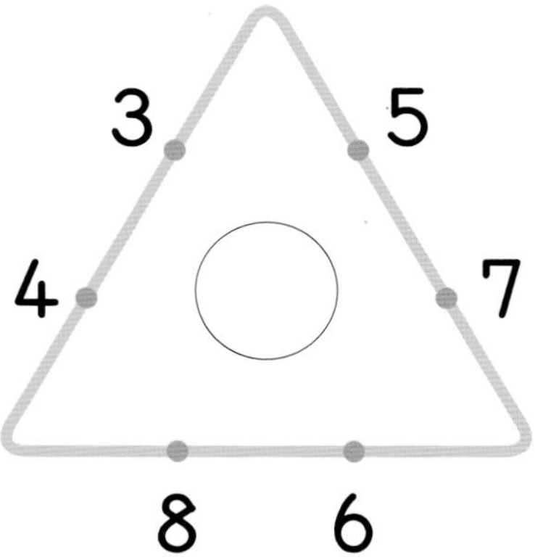

❺

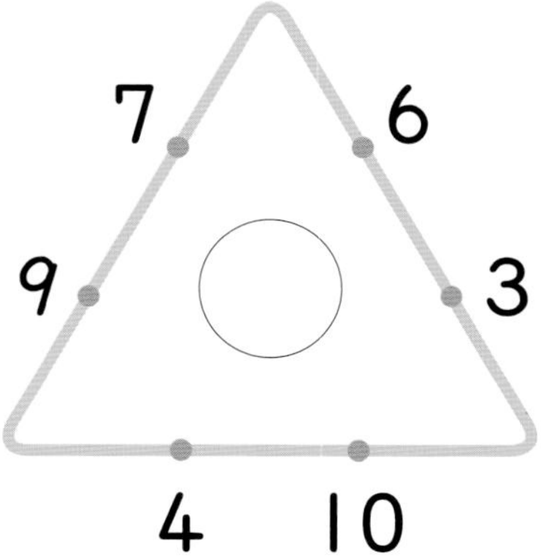

263 카드셈

◐ 숫자 카드를 한 번씩 모두 사용하여 덧셈식을 만드시오.

9 8 1 7 → 8 + 9 = 1 7

9 + 8 = 1 7

❶ 4 5 1 9 → □ + □ = □□

□ + □ = □□

❷ 1 2 1 9 → □ + □ = □□

□ + □ = □□

❸ 1 8 7 5 → □ + □ = □□

□ + □ = □□

❹ 6 7 1 3 → □ + □ = □□

□ + □ = □□

월 일

숫자 카드를 한 번씩 모두 사용하여 덧셈식을 두 개 만드시오.

5	7	8	1	→	7+8=15, 8+7=15

❶ | 7 | 9 | 1 | 8 | → ____________________

❷ | 1 | 9 | 4 | 3 | → ____________________

❸ | 6 | 3 | 7 | 1 | → ____________________

❹ | 2 | 7 | 5 | 1 | → ____________________

❺ | 6 | 4 | 8 | 1 | → ____________________

264 계산기

◐ 칠해진 숫자판을 눌러 덧셈한 것입니다. 계산 결과를 빈칸에 써넣으시오.

❶

❷

❸

❹

❺

❻

❼

❽

⊕ 계산 결과를 보고 덧셈한 두 수를 빈칸에 쓰시오. 단, 작은 수부터 씁니다.

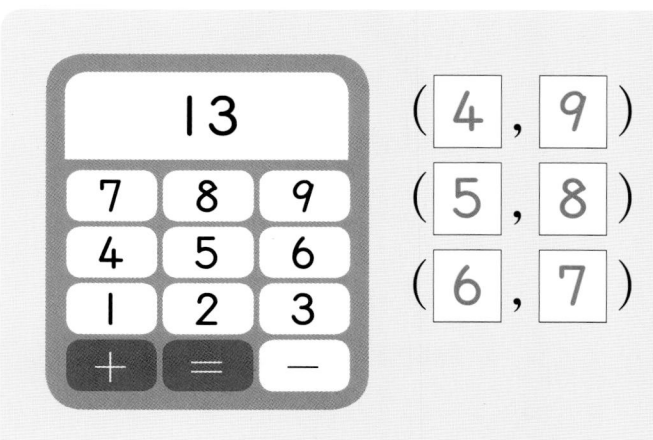

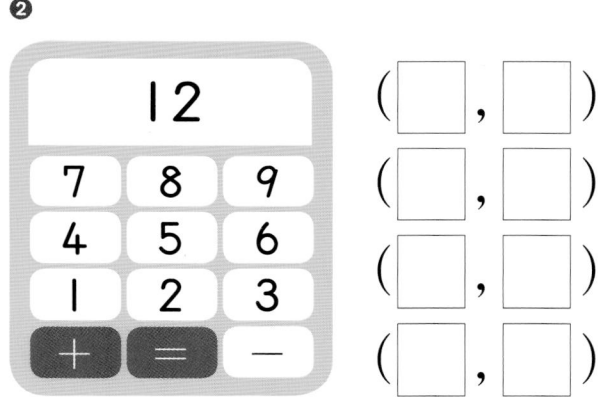

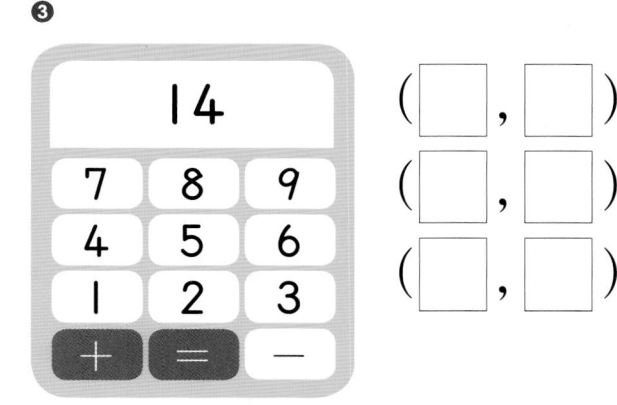

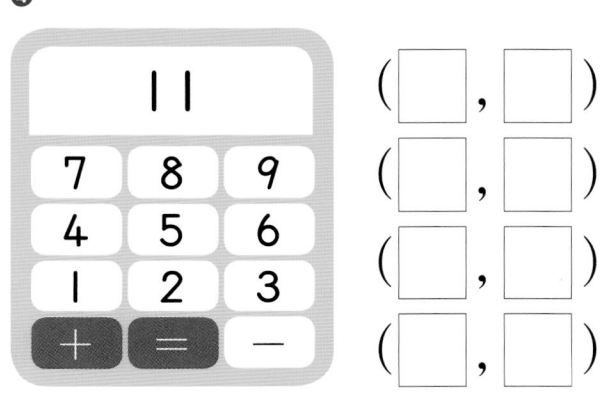

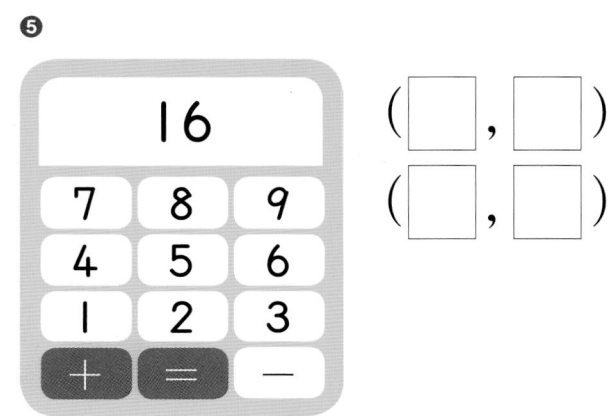

(4 , 9)
(5 , 8)
(6 , 7)

❶

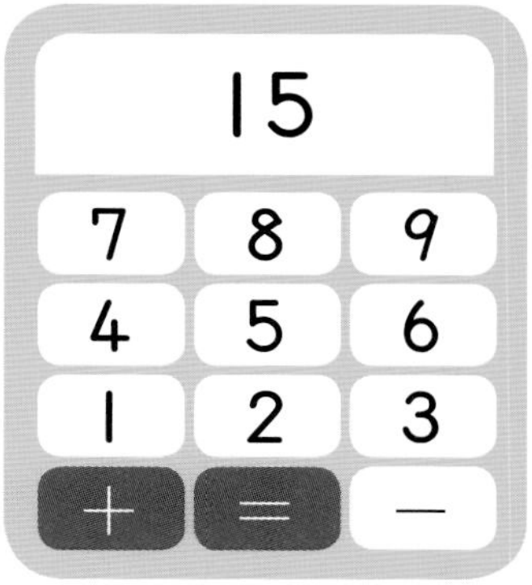

(□ , □)
(□ , □)

❷

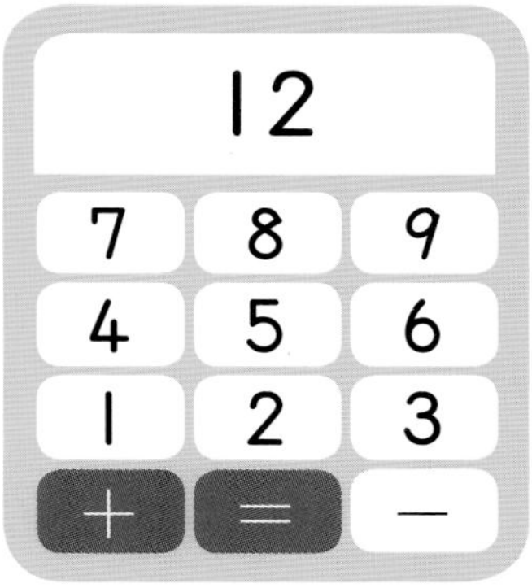

(□ , □)
(□ , □)
(□ , □)
(□ , □)

❸

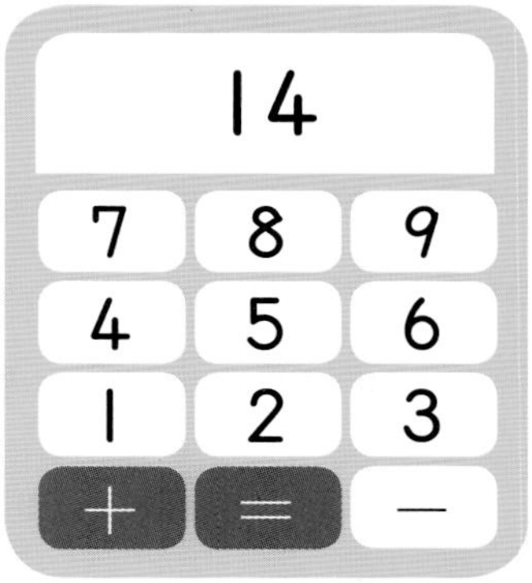

(□ , □)
(□ , □)
(□ , □)

❹

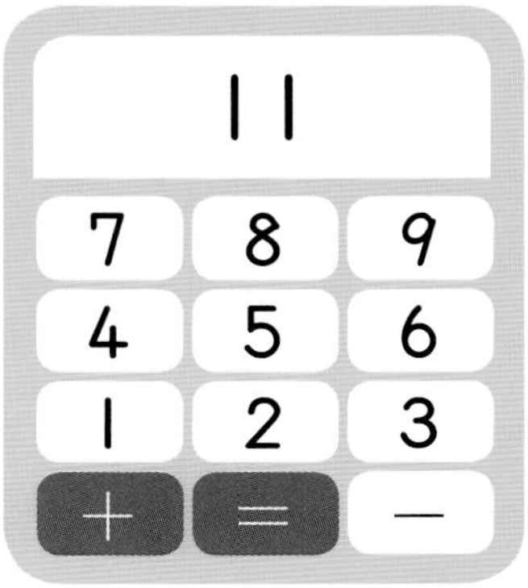

(□ , □)
(□ , □)
(□ , □)
(□ , □)

❺

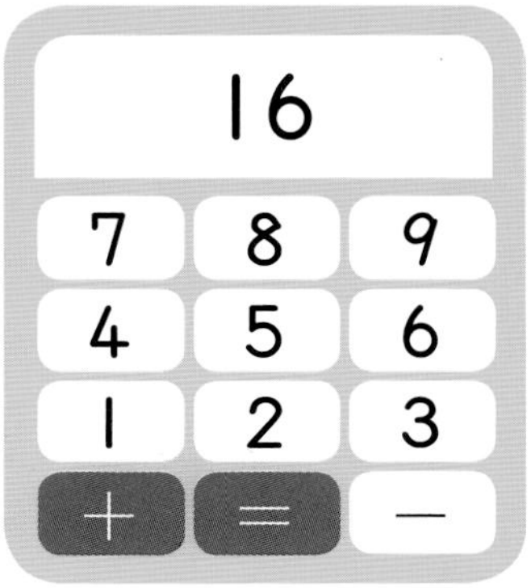

(□ , □)
(□ , □)

잘 공부했는지 알아봅시다

월 일

1 고리 안의 수가 합이 되는 두 수를 찾아 색칠하시오.

❶

❷

2 이어진 두 수의 합이 같도록 선으로 잇고, 두 수의 합을 ○ 안에 써넣으시오.

❶

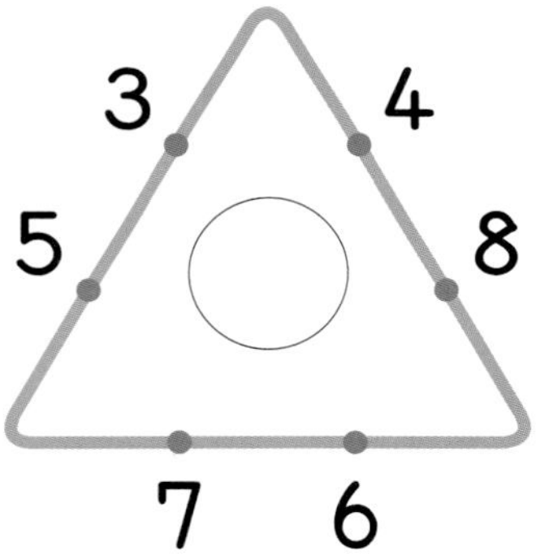

❷

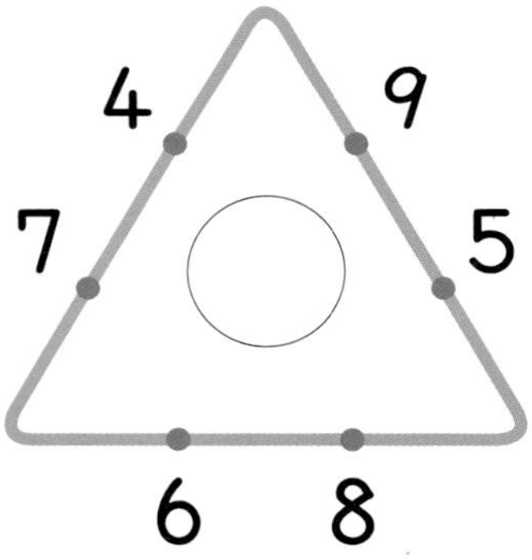

3 숫자 카드를 한 번씩 모두 사용하여 덧셈식을 두 개 만드시오.

➔ ______________________

____

3 □가 있는 덧셈

265 수직선

◐ 빈칸에 알맞은 수를 써넣으시오.

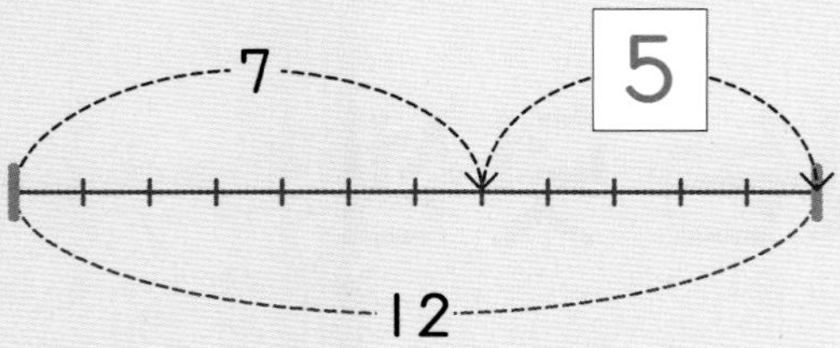

❶
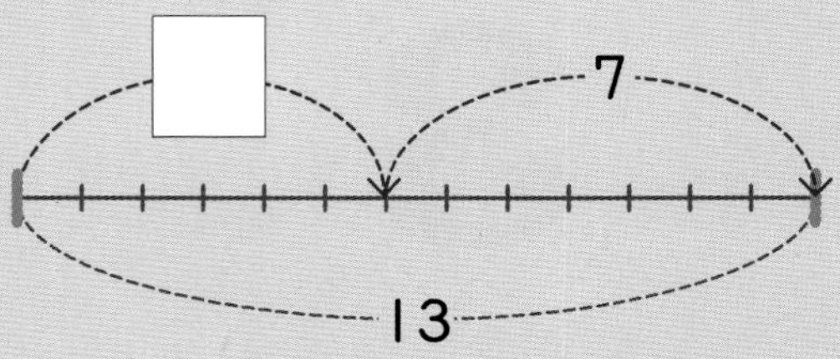

❷
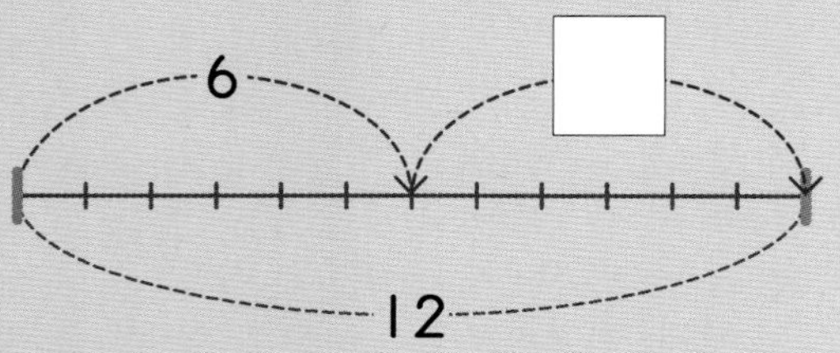

❸
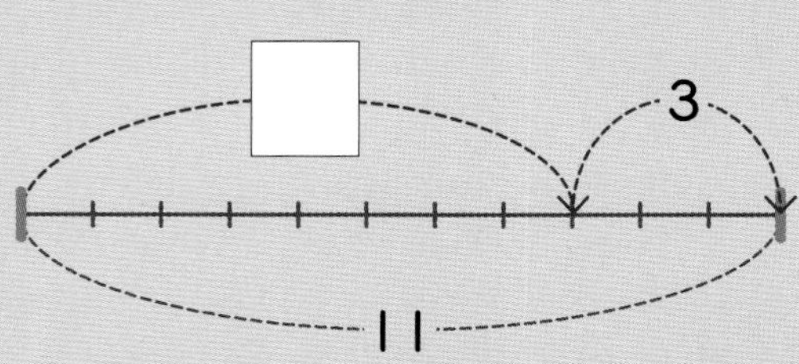

❹
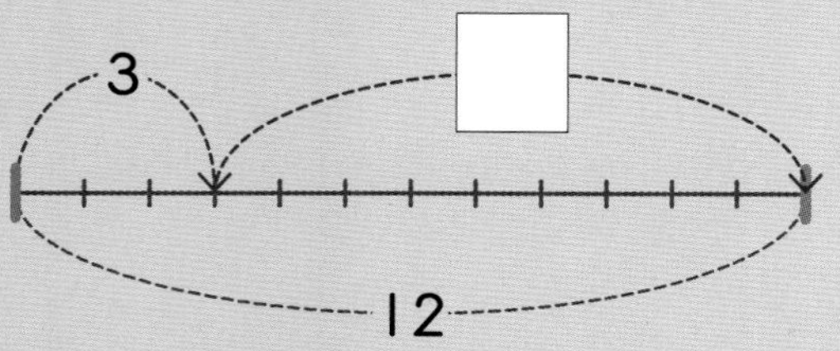

❺
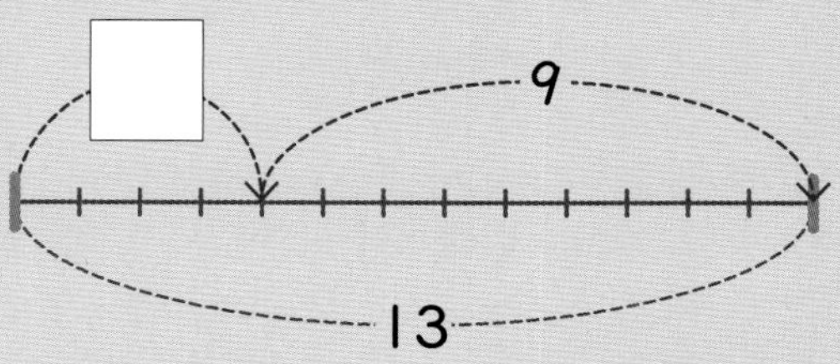

❻
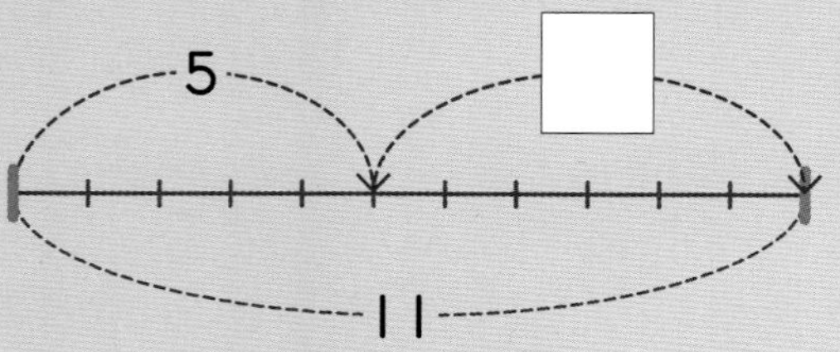

❼
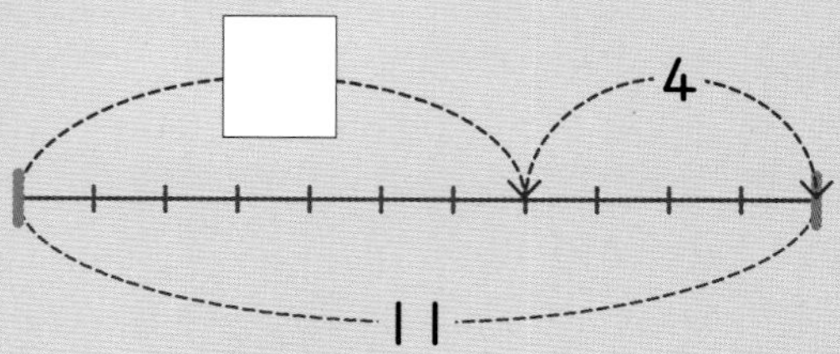

빈칸에 알맞은 수를 써넣으시오.

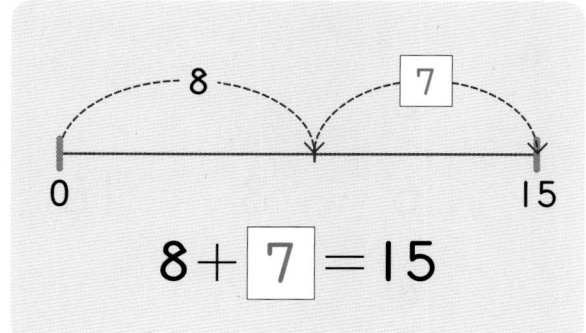

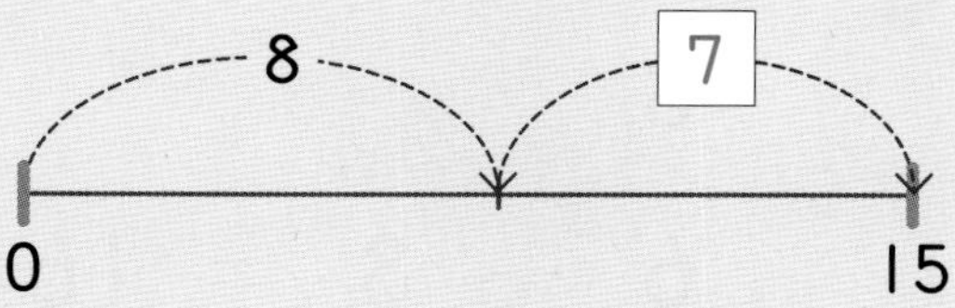

8 + [7] = 15

❶

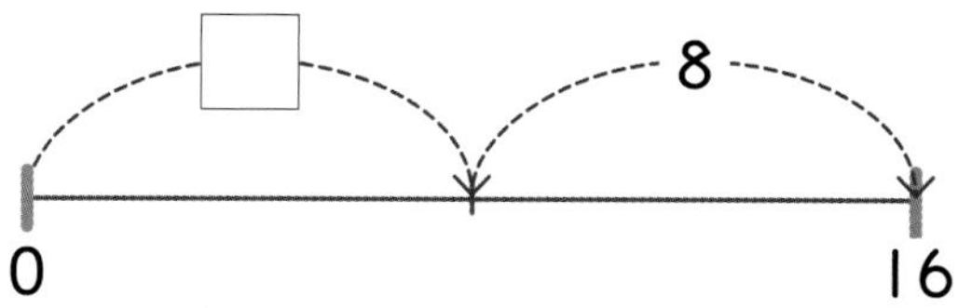

[ ] + 8 = 16

❷

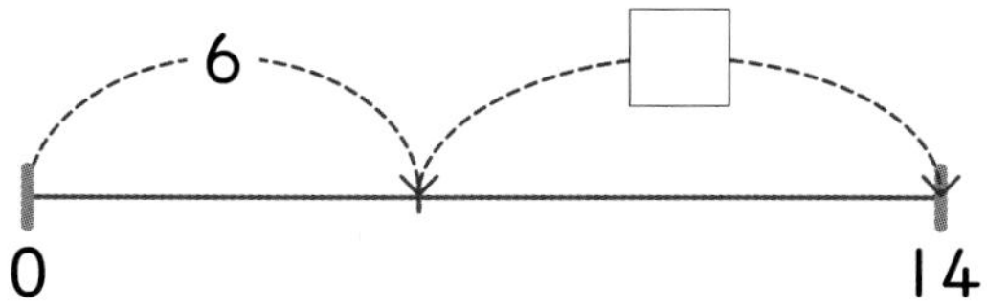

6 + [ ] = 14

❸

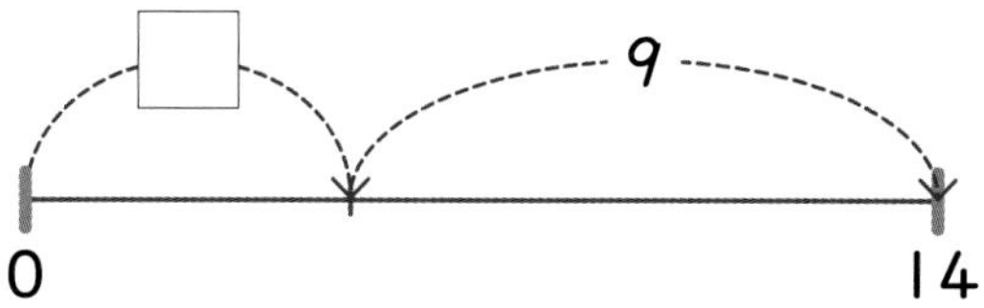

[ ] + 9 = 14

❹

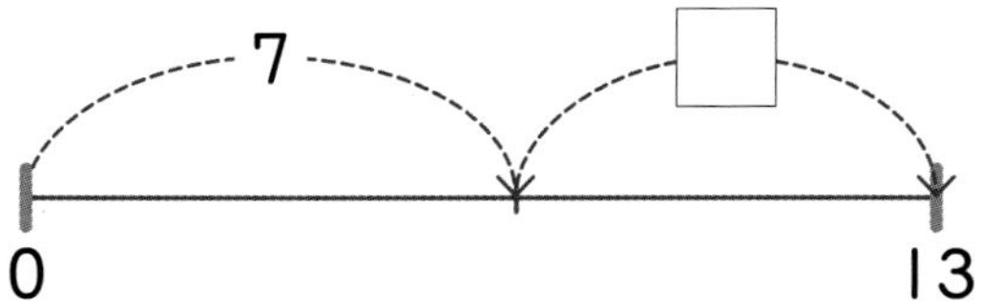

7 + [ ] = 13

❺

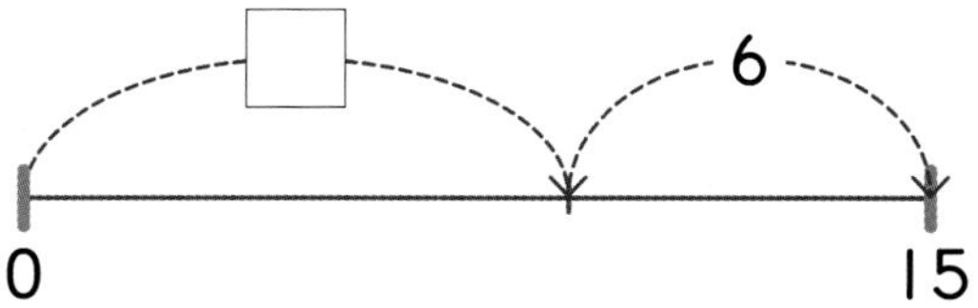

[ ] + 6 = 15

❻

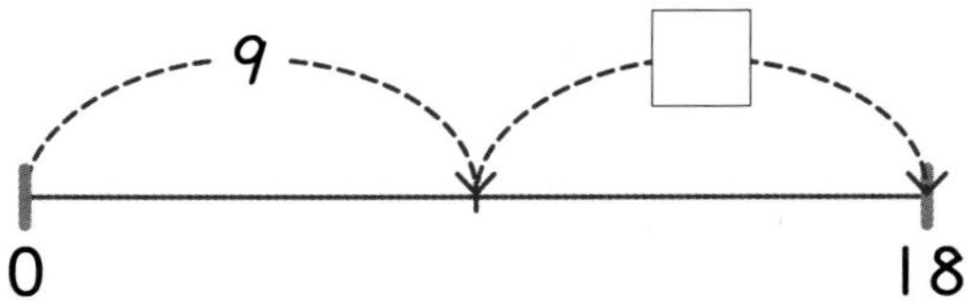

9 + [ ] = 18

❼

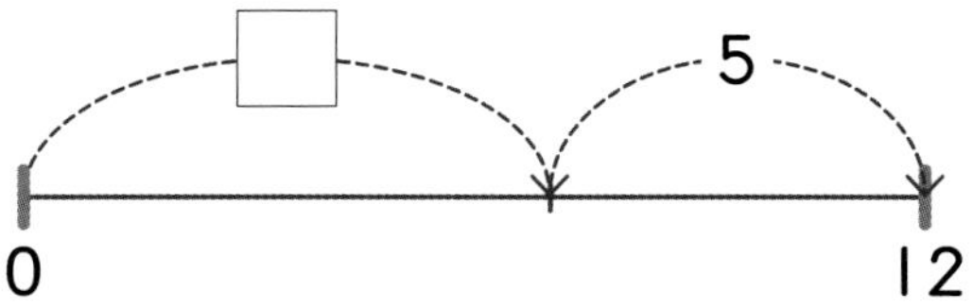

[ ] + 5 = 12

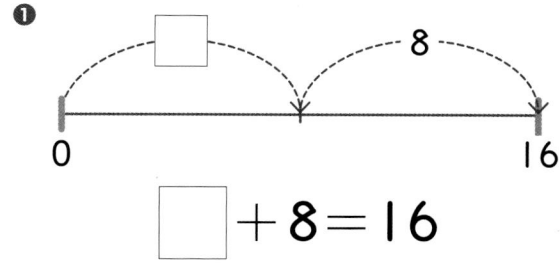

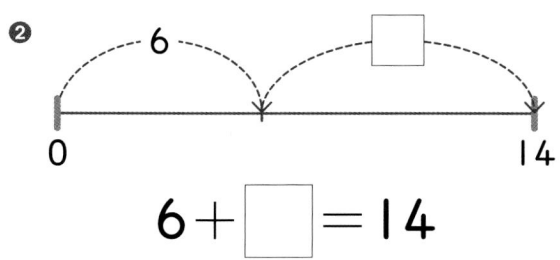

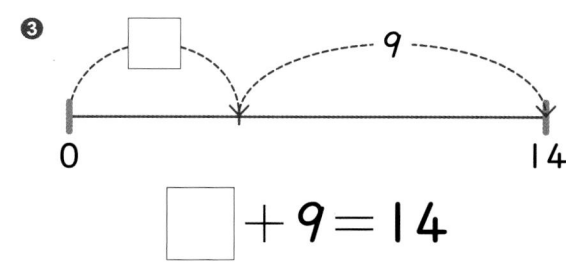

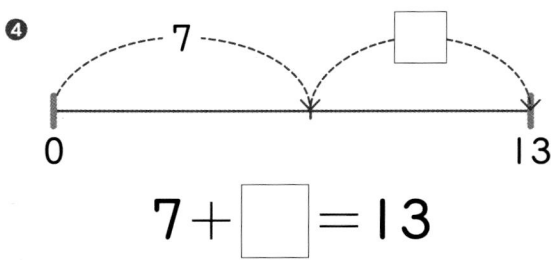

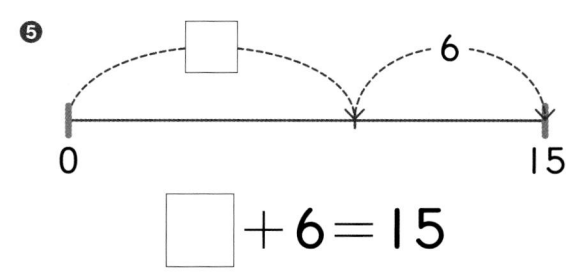

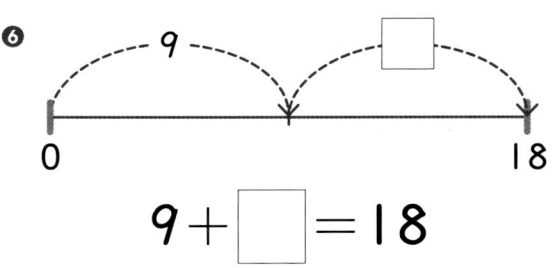

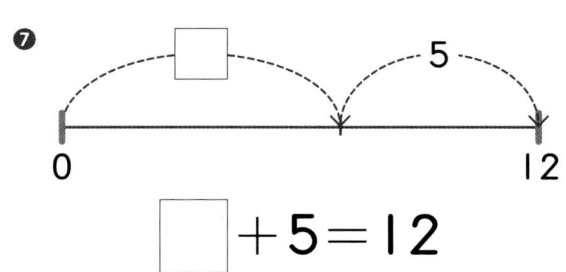

266 비행기

◐ 알맞은 수에 ○표 하시오.

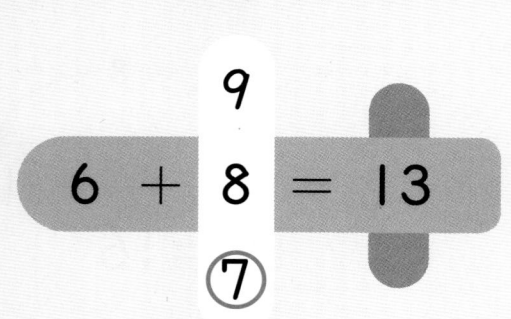

(예시) 6 + (9, 8, ⑦) = 13

❶ (8, 6, 4) + 8 = 16

❷ 9 + (2, 9, 7) = 16

❸ (9, 7, 8) + 3 = 12

❹ 7 + (4, 9, 8) = 11

❺ (5, 6, 4) + 6 = 12

❻ 4 + (8, 6, 9) = 13

❼ (8, 7, 6) + 9 = 15

⊕ 빈칸에 알맞은 수를 써넣으시오.

(보기)

		5		13
8	+	8	=	16
		4		12

❶

		6		
☐	+	9	=	12
		4		

❷

				14
6	+	☐	=	15
				12

❸

		7		
☐	+	9	=	11
		8		

❹

				13
7	+	☐	=	16
				15

❺

		4		
☐	+	8	=	13
		7		

❻

				12
5	+	☐	=	11
				13

❼

		5		
☐	+	8	=	14
		7		

267 하우스

◐ 덧셈을 하여 빈칸에 알맞은 수를 써넣으시오.

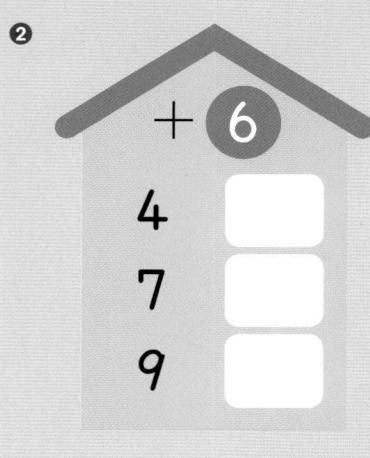

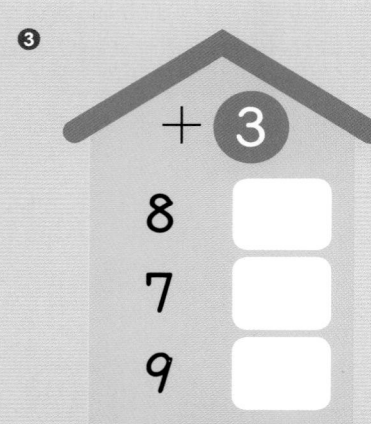

+ 7	
4	11
6	13
8	15

❶

+ 5	
9	
6	
7	

❷

+ 6	
4	
7	
9	

❸

+ 3	
8	
7	
9	

❹

+ 8	
2	
5	
9	

❺

+ 9	
3	
9	
5	

❻

+ 4	
9	
7	
8	

❼

+ 8	
8	
4	
7	

❽

+ 7	
9	
7	
5	

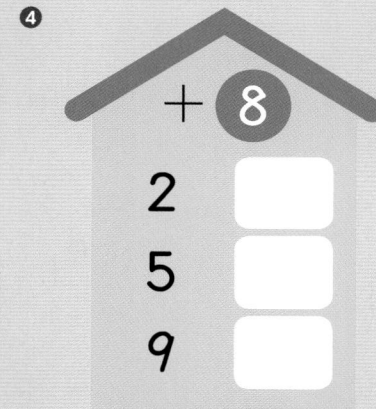

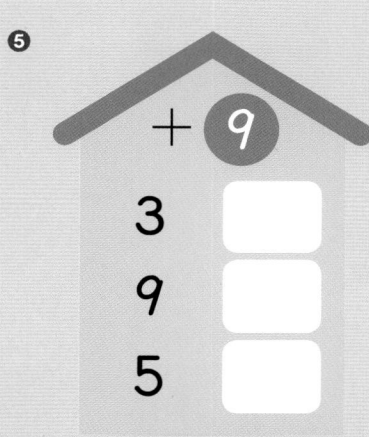

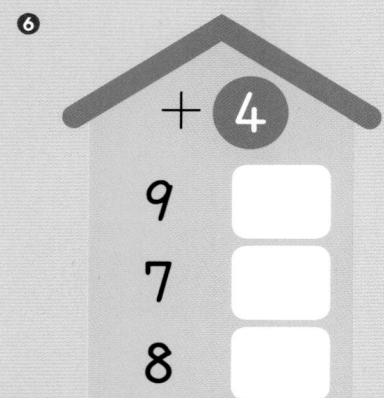

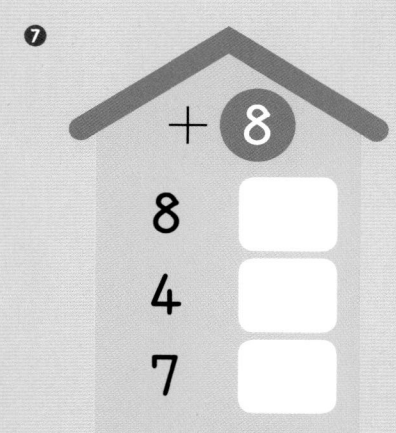

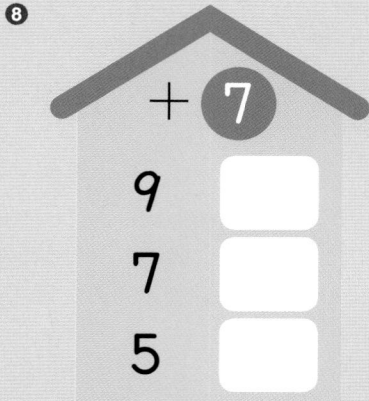

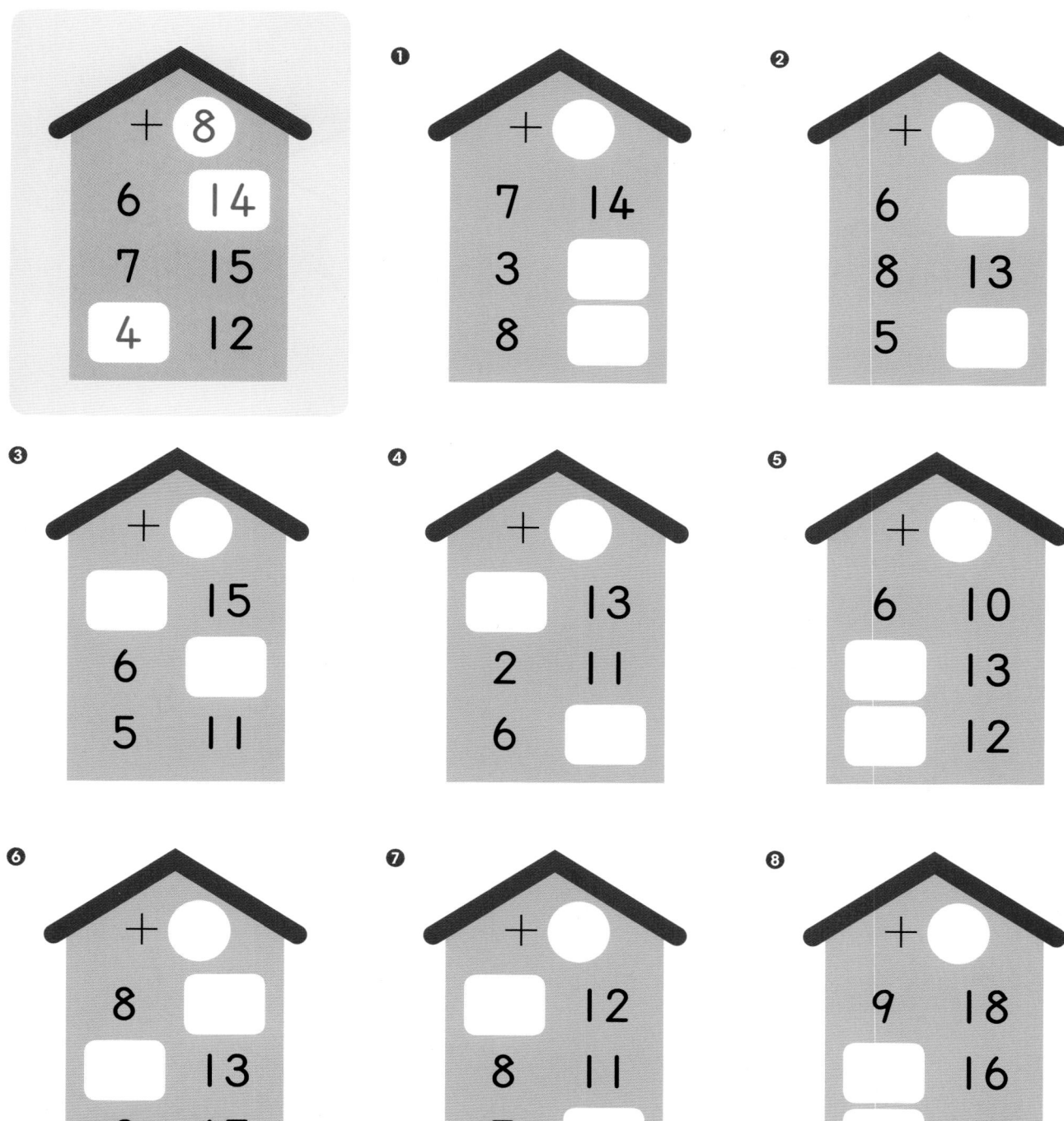

⊕ 빈칸에 알맞은 수를 써넣으시오.

Example (보기)

+	8
6	14
7	15
4	12

❶

+	◯
7	14
3	☐
8	☐

❷

+	◯
6	☐
8	13
5	☐

❸

+	◯
☐	15
6	☐
5	11

❹

+	◯
☐	13
2	11
6	☐

❺

+	◯
6	10
☐	13
☐	12

❻

+	◯
8	☐
☐	13
9	17

❼

+	◯
☐	12
8	11
7	☐

❽

+	◯
9	18
☐	16
☐	14

268 다리 잇기

◐ 이어진 두 수의 합이 오른쪽 수가 되도록 빈칸에 알맞은 수를 써넣으시오.

❶
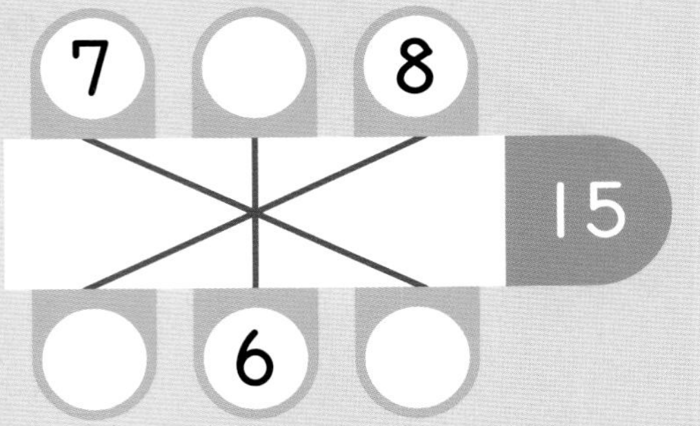

❷
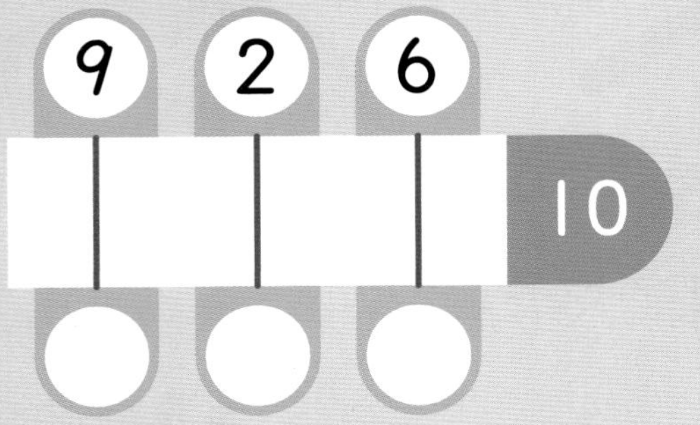

❸
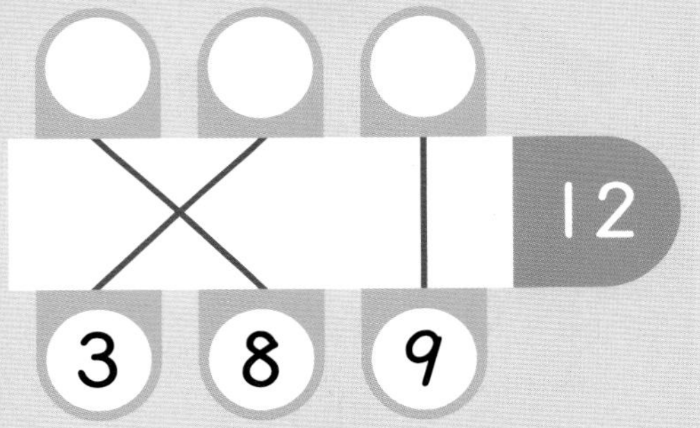

❹
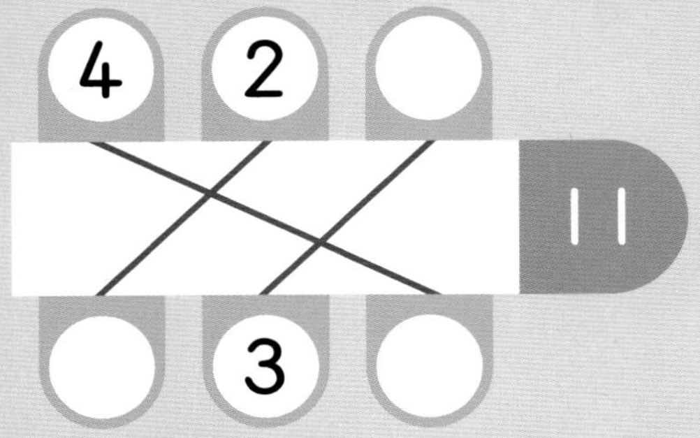

❺
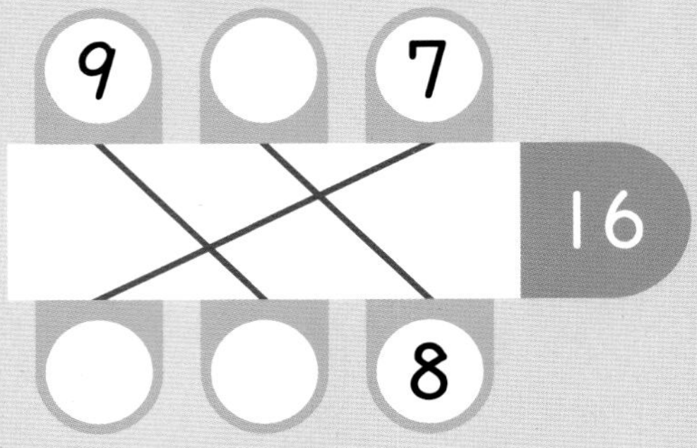

⊕ 이어진 두 수의 합이 같도록 선을 긋고 빈칸에 합을 써넣으시오.

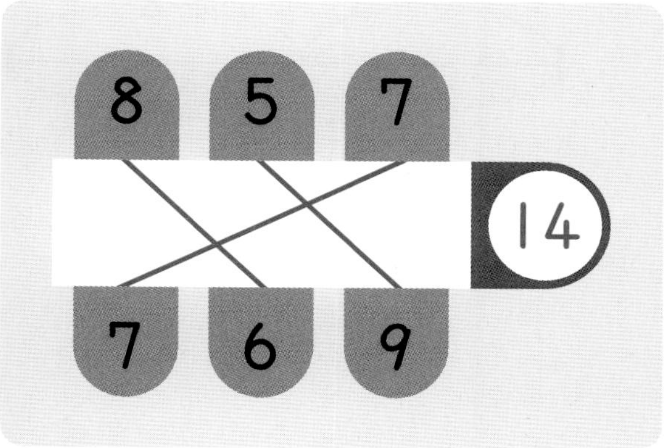

❶
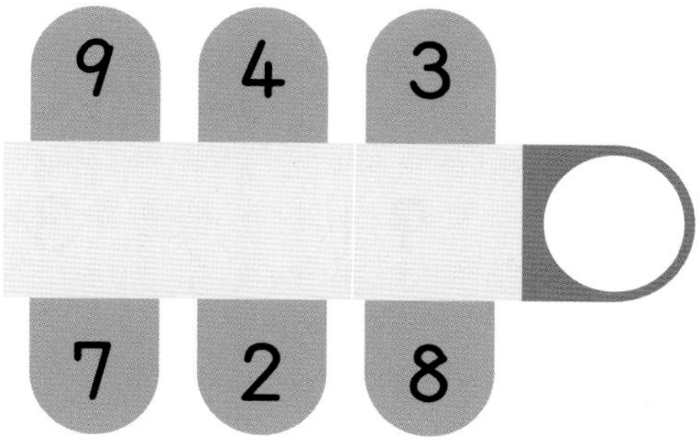

❷
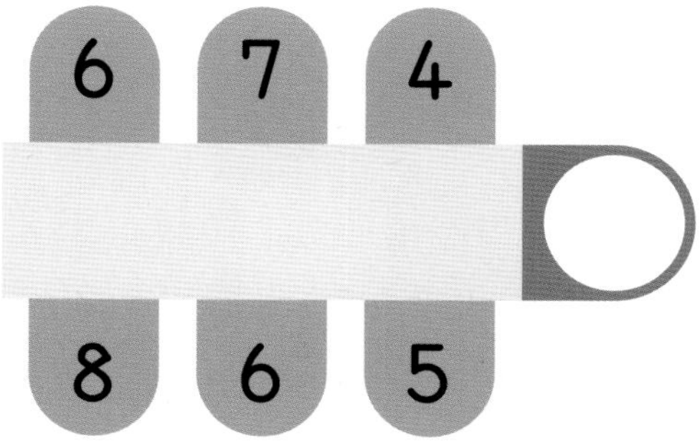

❸
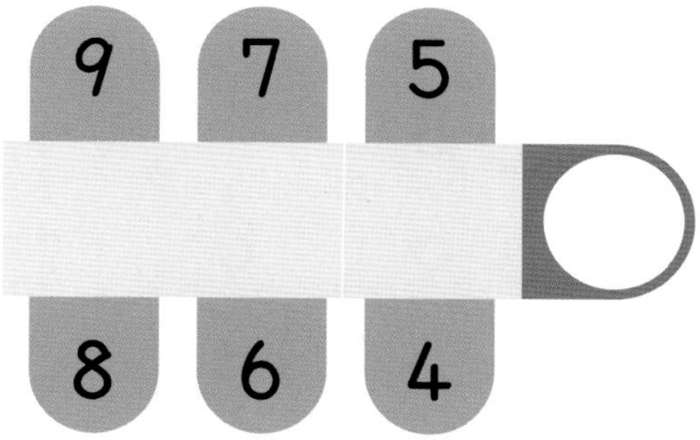

❹
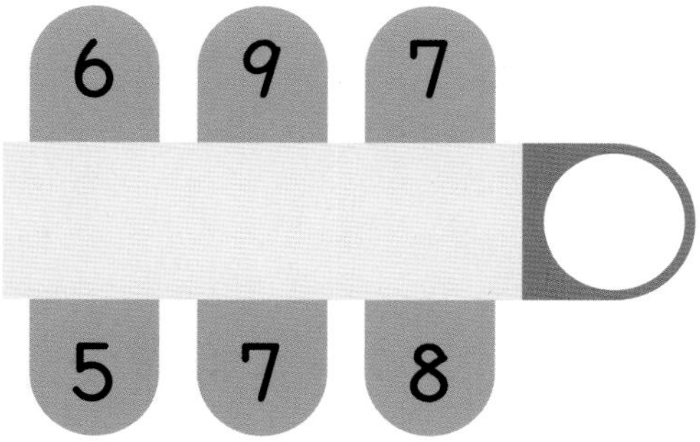

❺
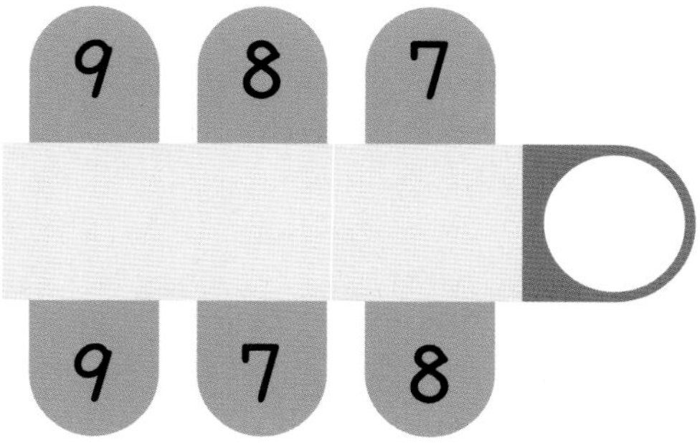

잘 공부했는지 알아봅시다

월 일

1 빈칸에 알맞은 수를 써넣으시오.

❶

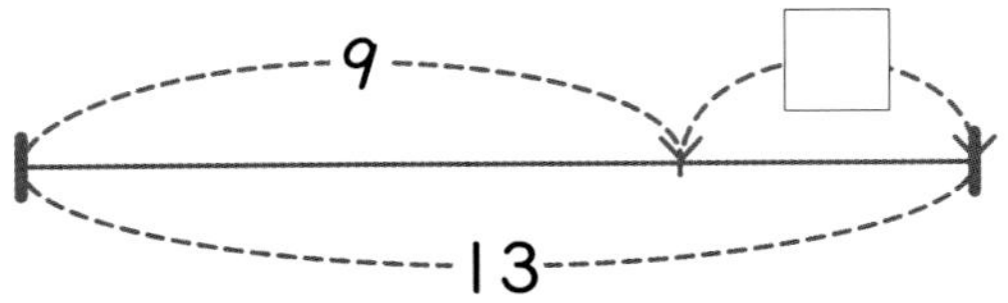

$9+\square=13$

❷

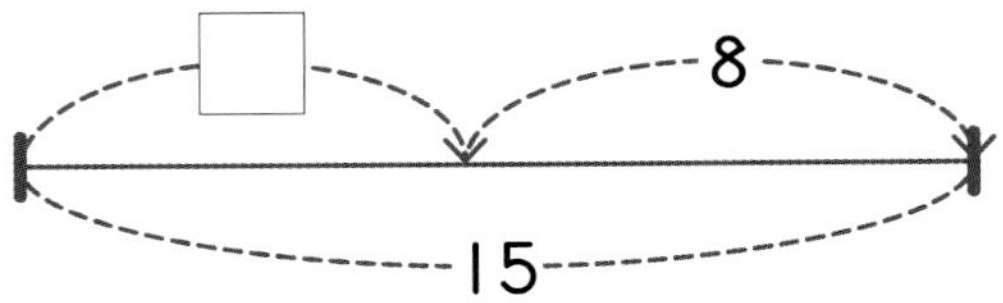

$\square+8=15$

2 빈칸에 알맞은 수를 써넣으시오.

❶

❷

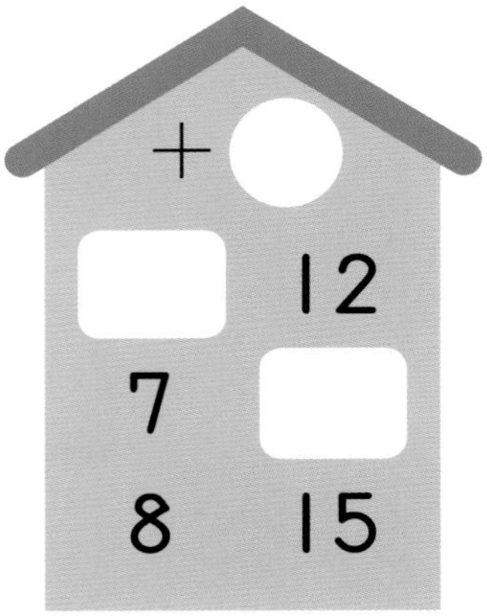

3 이어진 두 수의 합이 오른쪽 수가 되도록 빈칸에 알맞은 수를 써넣으시오.

❶

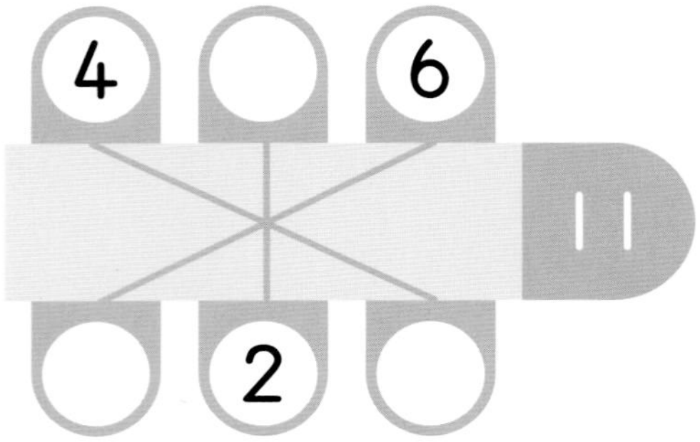

❷

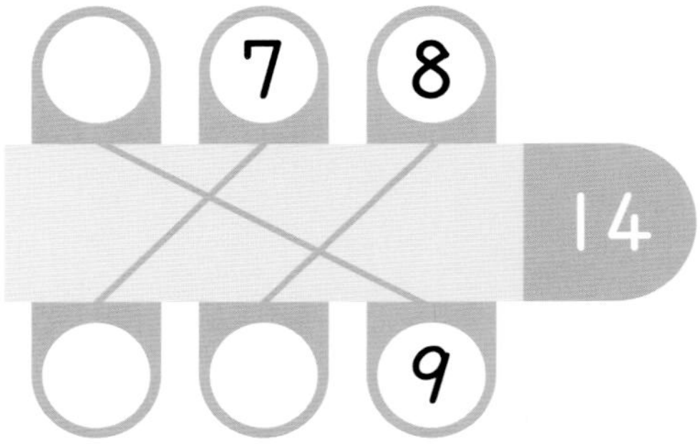

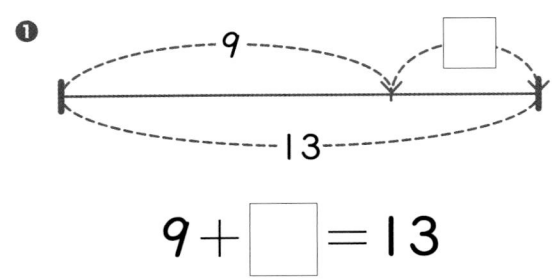

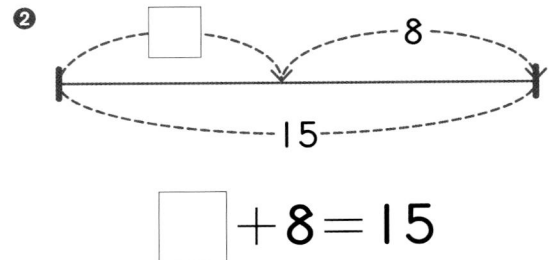

4 세 수의 합

269 자동차 길

◐ 길을 따라 계산하여 빈칸에 알맞은 수를 써넣으시오.

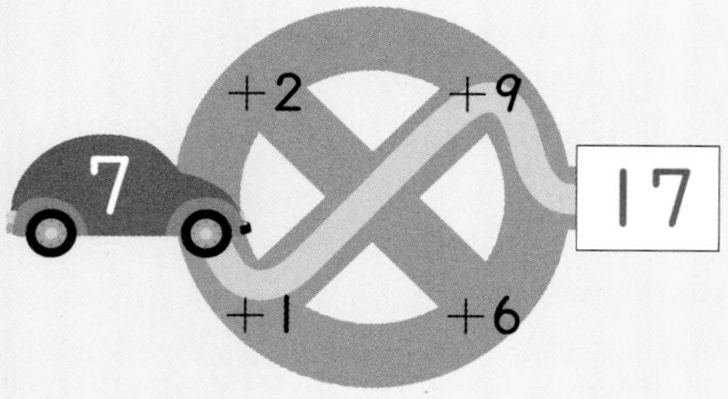

❶

❷

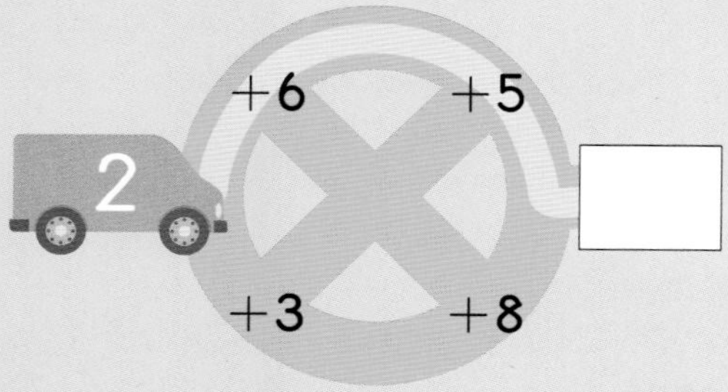

❸

❹

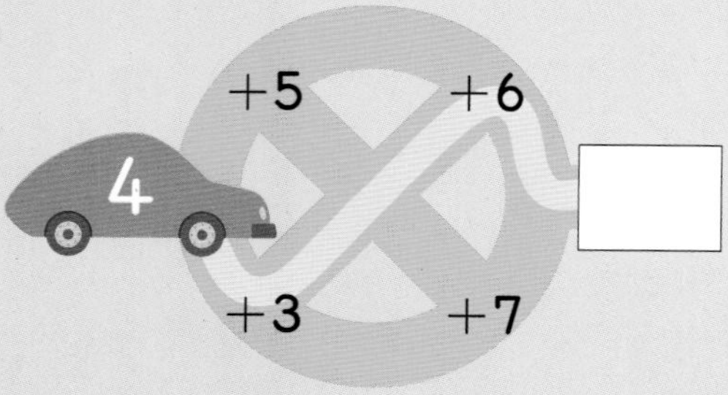

❺

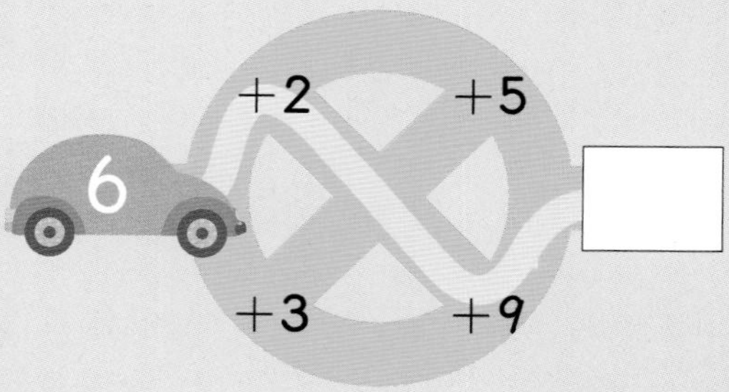

❻

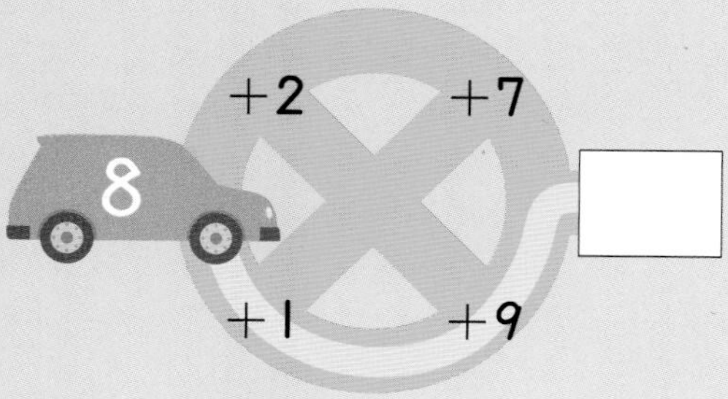

❼

계산 결과에 맞게 자동차 길을 그으시오.

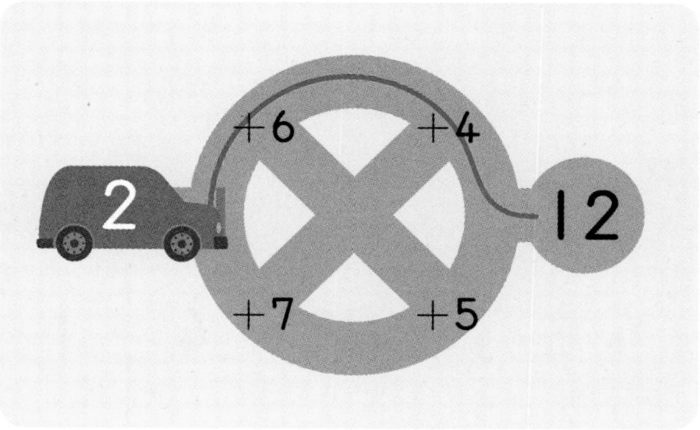

❶

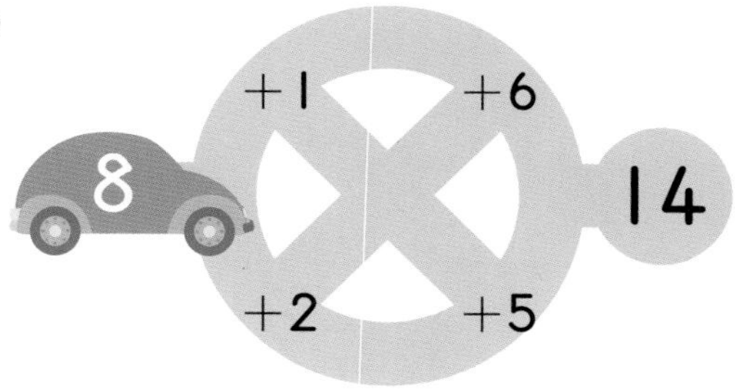

❷

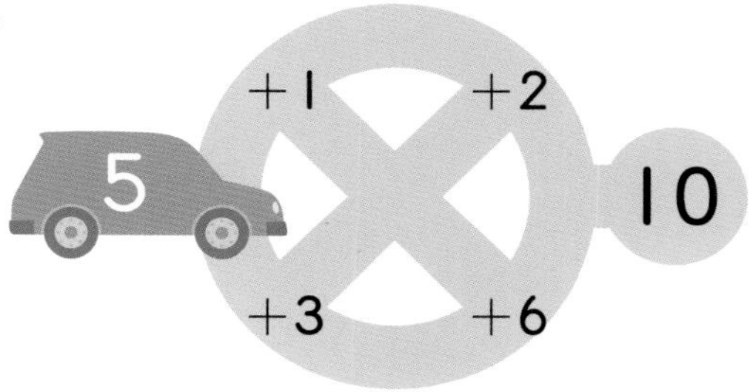

❸

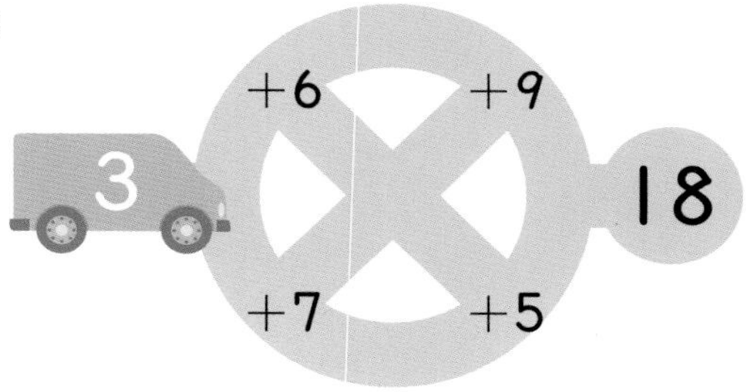

❹

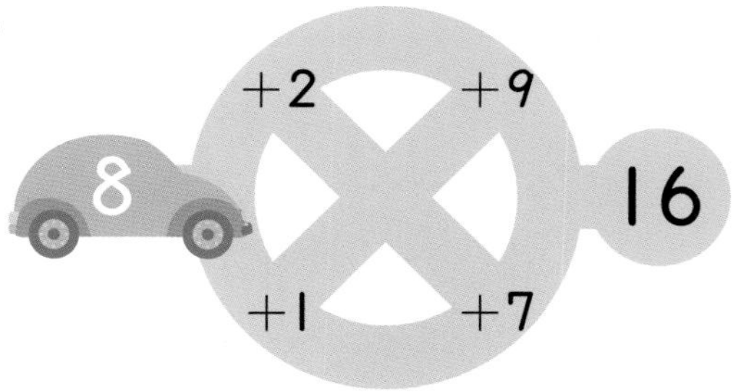

❺

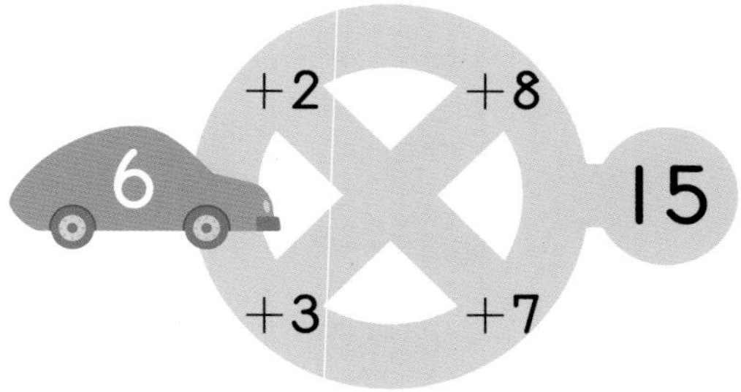

❻

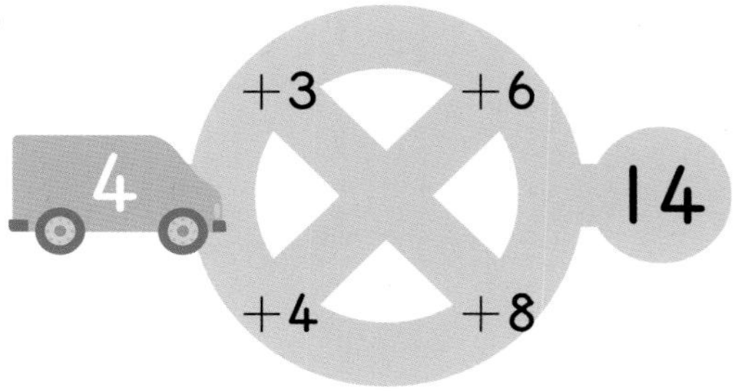

❼

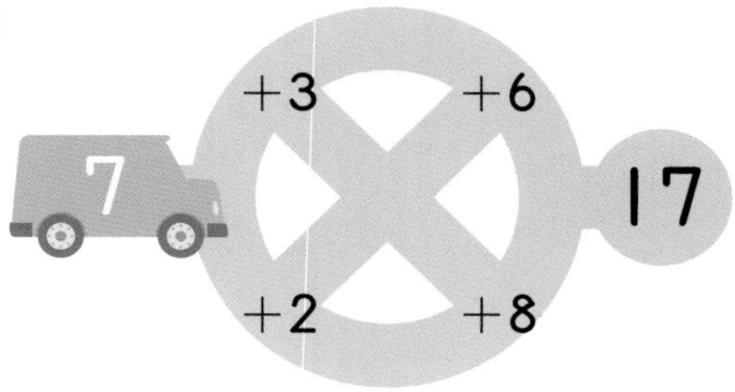

270 방 통과

◑ 방을 통과하면서 만난 수를 모두 더하여 빈칸에 알맞게 써넣으시오.

❶

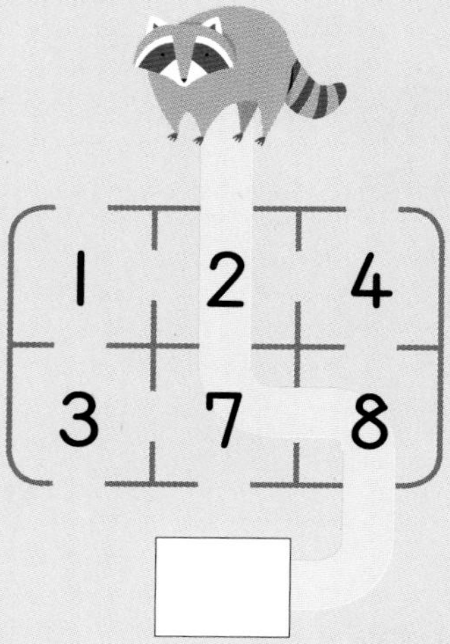

❷

❸

❹

❺

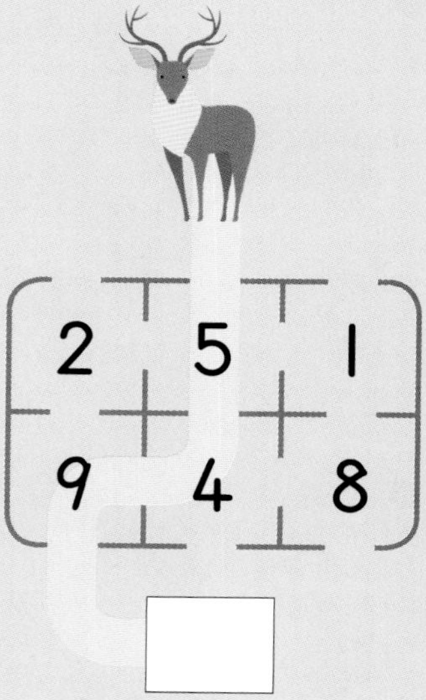

⊕ 세 방을 통과하면서 만난 수들의 합이 ▬ 안의 수가 되도록 선을 그으시오.

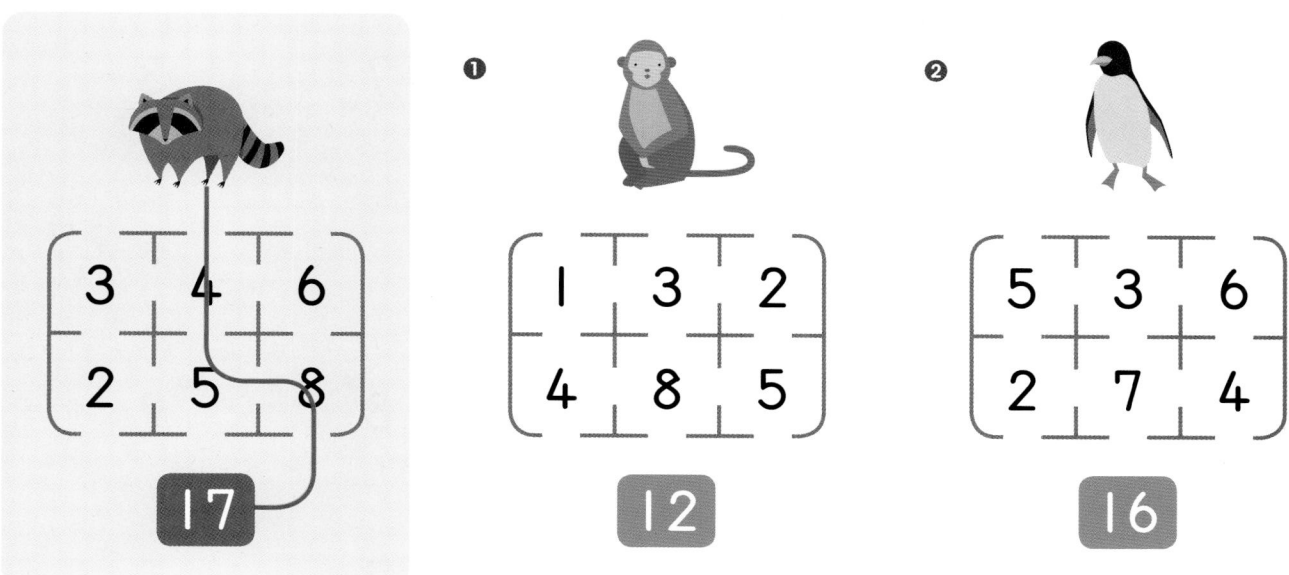

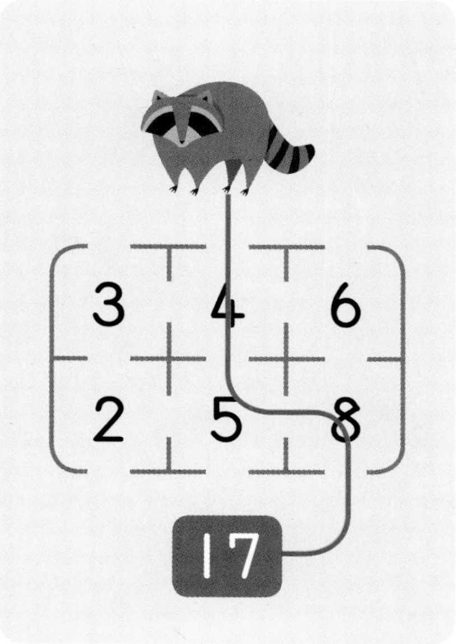

❶

1	3	2
4	8	5

12

❷

5	3	6
2	7	4

16

❸

3	2	3
6	6	9

15

❹

4	3	7
1	9	2

18

❺

5	2	2
4	7	1

13

271 원 삼각형

◐ 연결된 세 수의 합을 구하시오.

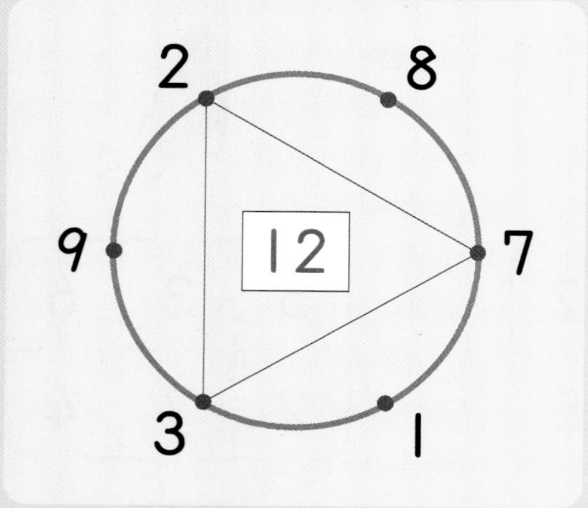

❶

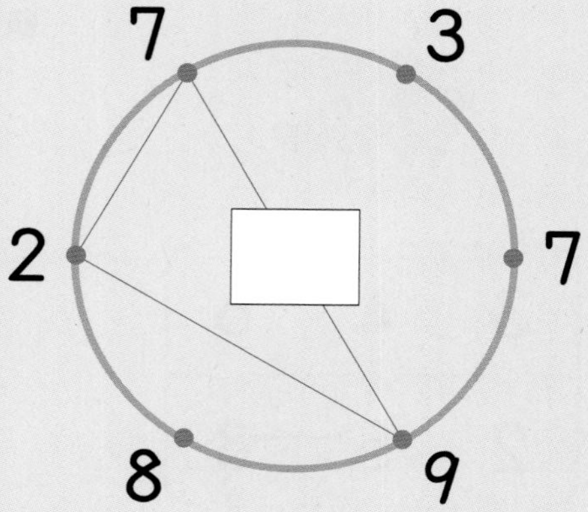

❷

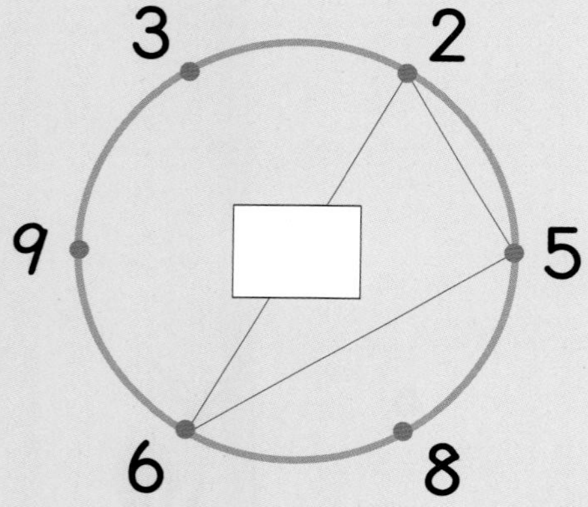

❸

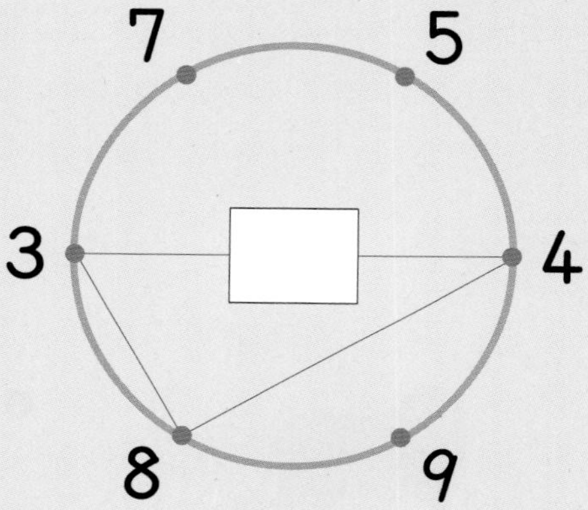

❹

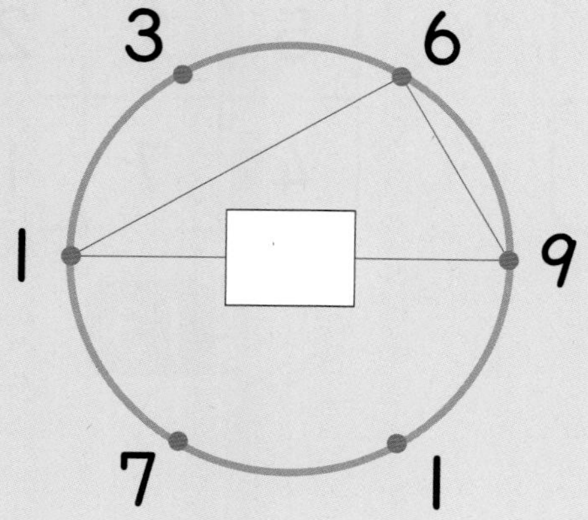

❺

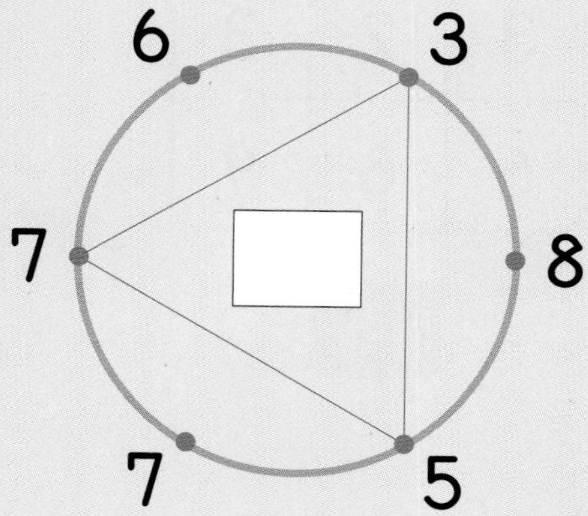

월 일

◆ 연결된 세 수의 합이 ▬ 안의 수가 되도록 선을 그으시오.

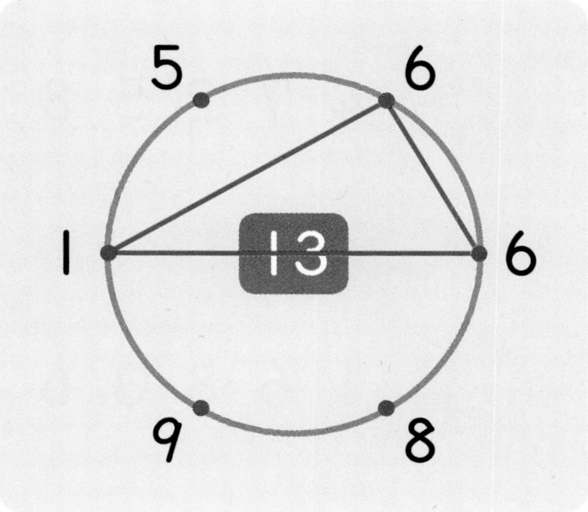

❶

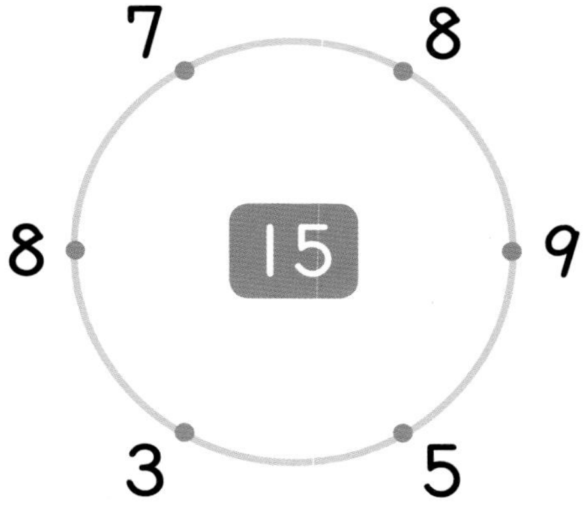

❷

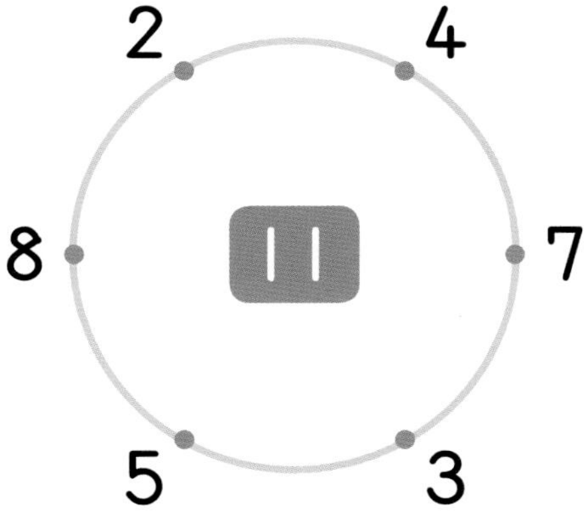

❸

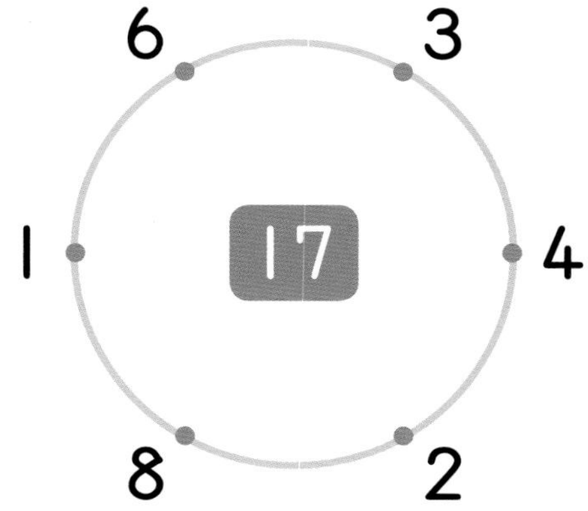

❹

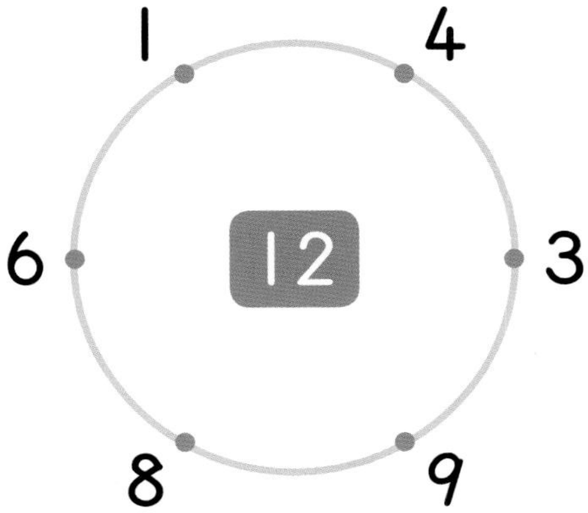

❺

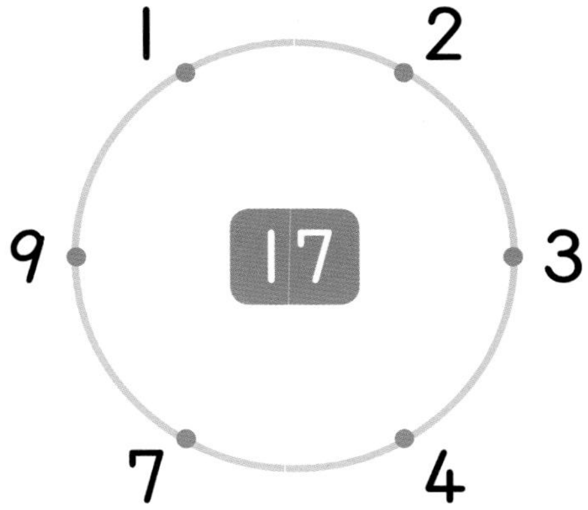

272 수 묶기

◐ 이웃한 세 수의 합이 ● 안의 수가 되도록 ⬭로 묶으시오.

11 | 3 2 (4 2 5)

❶ 14 | 4 7 2 5 8

❷ 13 | 4 3 4 6 4

❸ 15 | 1 6 8 3 6

❹ 18 | 6 3 9 1 4

❺ 11 | 5 3 2 1 8

❻ 17 | 5 3 9 3 6

❼ 13 | 9 1 4 8 2

❽ 12 | 4 2 3 2 7

❾ 14 | 6 5 2 6 6

❿ 17 | 3 5 4 8 6

⓫ 19 | 6 4 9 3 4

⊕ 이웃한 세 수의 합이 ▲ 안의 수가 되도록 ◯로 묶으시오.

예시: 12

4	6	6	3
8	1	2	5
2	5	1	4
4	4	4	3

❶ 11

5	2	3	2
1	7	7	2
5	4	1	8
4	6	2	3

❷ 13

4	2	5	1
2	7	5	9
5	3	3	6
6	8	4	1

❸ 15

4	1	9	3
6	8	7	4
5	6	1	9
5	5	6	2

❹ 14

3	4	4	6
2	3	5	7
7	4	2	8
9	1	6	7

❺ 16

3	4	4	1
8	1	5	9
9	2	7	6
6	7	3	5

잘 공부했는지 알아봅시다

월 일

1 연결된 세 수의 합을 구하시오.

❶

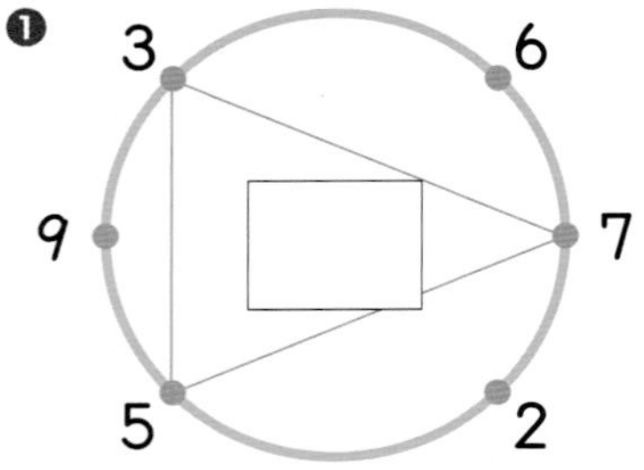

❷

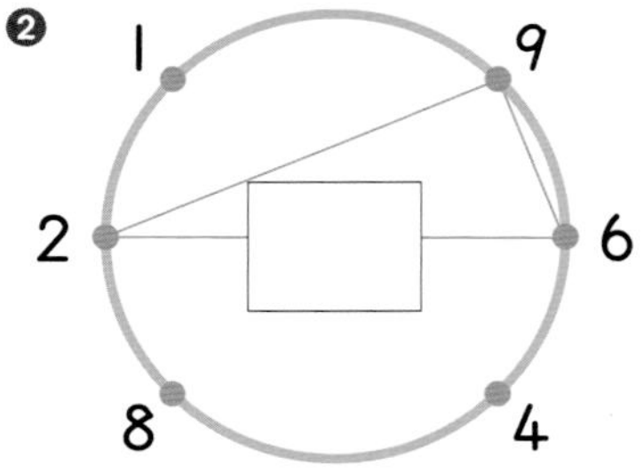

2 이웃한 세 수의 합이 ◠ 안의 수가 되도록 ⬭로 묶으시오.

❶ 13

3	1	8	4
8	5	4	7
7	3	6	1
1	5	9	5

❷ 16

9	7	2	4
2	5	9	4
8	3	2	8
5	2	7	7

3 세 개의 방을 통과하면서 만난 수들의 합이 ▬ 안의 수가 되도록 선을 그으시오.

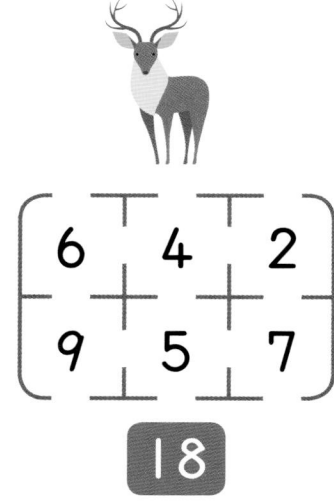

6	4	2
9	5	7

18

5 문장이 있는 덧셈

273 한 식 문장제

◐ □ 안에 알맞은 수를 써넣으시오.

배구공이 9개, 농구공이 9개 있습니다. 공은 모두 몇 개 있습니까?

식 : 9 + 9 = 18 (개)

❶ 민주는 칭찬 스티커를 6개 가지고 있습니다. 소희는 민주보다 5개 더 가지고 있습니다. 소희가 가지고 있는 칭찬 스티커는 몇 개입니까?

식 : □ + □ = □ (개)

❷ 종이학을 태희는 5개, 민수는 7개 접었습니다. 두 사람이 접은 종이학은 모두 몇 개입니까?

식 : □ + □ = □ (개)

❸ 민지는 어제 동화책을 7쪽까지 읽었고, 오늘은 8쪽을 읽었습니다. 민지는 어제와 오늘 모두 몇 쪽을 읽었습니까?

식 : □ + □ = □ (쪽)

❹ 슬기는 9살입니다. 4년 후에는 몇 살이 됩니까?

식 : □ + □ = □ (살)

◆ 식과 답을 쓰시오.

> 오렌지가 4개, 사과가 8개 있습니다. 과일은 모두 몇 개 있습니까?
>
> 식 : 4+8=12　　답 : 12 개

❶ 민우는 어제 윗몸일으키기를 6번 하였습니다. 오늘은 어제보다 8번 더 하였습니다. 민우는 오늘 윗몸일으키기를 몇 번 하였습니까?

식 : ______________　　답 : ______ 번

❷ 과일 가게에서 자두를 7개, 복숭아를 4개 팔았습니다. 과일을 모두 몇 개 팔았습니까?

식 : ______________　　답 : ______ 개

❸ 9보다 5 큰 수는 얼마입니까?

식 : ______________　　답 : ______

❹ 재호는 공깃돌을 3개 가지고 있습니다. 슬기는 재호보다 9개 더 가지고 있습니다. 슬기가 가지고 있는 공깃돌은 모두 몇 개입니까?

식 : ______________　　답 : ______ 개

274 □ 문장제

◐ □를 사용한 식을 쓰시오. 밑줄 친 말을 □로 나타냅니다.

양계장의 닭들이 어제는 달걀을 7개 낳았고, 오늘은 몇 개를 낳아서 모두 12개가 되었습니다.

식 : 7+□=12

❶ 교실에 여학생 몇 명과 남학생 4명이 있는데 모두 12명입니다.

식 : ______________

❷ 진호는 공깃돌 8개를 가지고 있었는데 누나가 몇 개를 더 주어 모두 13개가 되었습니다.

식 : ______________

❸ 풀밭에 흰 토끼가 몇 마리 있었는데 검정 토끼가 5마리 와서 모두 11마리가 되었습니다.

식 : ______________

❹ 파란 상자에 사과가 6개 있고, 노란 상자에 사과가 몇 개 있습니다. 두 상자에 있는 사과는 모두 15개입니다.

식 : ______________

◆ □를 사용한 식을 쓰고 답을 구하시오.

과일 가게에서 참외를 4개, 키위를 몇 개 팔았습니다. 과일을 모두 11개 팔았습니다. 키위는 몇 개 팔았습니까?

식 : 4+□=11 답 : 7 개

❶ 철호는 과학책을 3쪽까지 읽었습니다. 오늘은 몇 쪽을 더 읽어 12쪽까지 읽었습니다. 오늘은 몇 쪽을 읽었습니까?

식 : ________ 답 : ____ 쪽

❷ 진우는 8살입니다. 몇 년 후면 15살이 됩니까?

식 : ________ 답 : ____ 년

❸ 민주는 종이학을 몇 개 가지고 있습니다. 슬기는 민주보다 5개 더 많은 11개의 종이학을 가지고 있습니다. 민주는 종이학을 몇 개 가지고 있습니까?

식 : ________ 답 : ____ 개

❹ 어제는 우리에 고슴도치가 6마리 있었습니다. 오늘 몇 마리가 더 들어와 13마리가 되었습니다. 오늘 들어온 고슴도치는 몇 마리입니까?

식 : ________ 답 : ____ 마리

275 세 수 문장제

◐ □ 안에 알맞은 수를 써넣으시오.

어머니께서 초콜릿 4개를 사오셨고, 아버지께서 어머니보다 3개 더 많이 사오셨습니다. 어머니와 아버지께서 사오신 초콜릿은 모두 몇 개입니까?

식 : [4] + [4] + [3] = [11] (개)

❶ 3명이 타고 있던 버스에 첫 번째 정류장에서 5명이 타고, 두 번째 정류장에서 6명이 탔습니다. 버스에 타고 있는 사람은 모두 몇 명입니까?

식 : □ + □ + □ = □ (명)

❷ 빨간색 색종이가 4장 있고, 노란색 색종이는 빨간색 색종이보다 7장 더 많습니다. 색종이는 모두 몇 장입니까?

식 : □ + □ + □ = □ (장)

❸ 주머니 속에 500원짜리 동전이 3개, 100원짜리 동전이 2개, 50원짜리 동전이 7개가 있습니다. 주머니에 있는 동전은 모두 몇 개입니까?

식 : □ + □ + □ = □ (개)

⊕ 식과 답을 쓰시오.

학급 문고를 만들기 위해 책을 모았습니다. 어제는 3권을 모았고, 오늘은 어제보다 6권을 더 모았습니다. 모두 몇 권이 되었습니까?

식 : 3+3+6=12 답 : 12 권

❶ 연필을 현우는 2자루, 민주는 7자루, 소연이는 8자루 모았습니다. 세 사람이 모은 연필은 모두 몇 자루입니까?

식 : ________ 답 : ____ 자루

❷ 유진이는 친구들과 고리 던지기 놀이를 하였습니다. 유진이는 고리를 3개 던졌고, 선영이는 유진이보다 8개 더 많이 던졌습니다. 두 사람이 던진 고리는 모두 몇 개입니까?

식 : ________ 답 : ____ 개

❸ 교실에 여학생 4명과 남학생 5명이 있었는데 학생 9명이 더 왔습니다. 교실에 있는 학생은 모두 몇 명입니까?

식 : ________ 답 : ____ 명

276 어떤 수

◐ □를 사용한 식으로 나타내시오.

어떤 수에 7을 더하였더니 15가 되었습니다.

식 : $\square + 7 = 15$

❶ 어떤 수에 5를 더하였더니 11이 되었습니다.

식 : ____________

❷ 8에 어떤 수를 더하였더니 11이 되었습니다.

식 : ____________

❸ 어떤 수와 6의 합은 14입니다.

식 : ____________

❹ 9와 어떤 수의 합은 14입니다.

식 : ____________

❺ 4에 어떤 수를 더하였더니 13이 되었습니다.

식 : ____________

월 일

어떤 수를 구하고, 물음에 답하시오.

어떤 수에 7을 더해야 할 것을 잘못 하여 9를 더하였더니 13이 되었습니다. 바르게 계산하면 얼마입니까?

어떤 수 : □+9=13, □=4

계산하기 : 4+7=11

❶ 어떤 수와 7의 합은 16입니다. 어떤 수에 9를 더하면 얼마입니까?

어떤 수 :

계산하기 :

❷ 어떤 수에 5를 더해야 할 것을 잘못 하여 8을 더하였더니 15가 되었습니다. 바르게 계산하면 얼마입니까?

어떤 수 :

계산하기 :

❸ 8에 어떤 수를 더했더니 16입니다. 5와 어떤 수의 합은 얼마입니까?

어떤 수 :

계산하기 :

❹ 어떤 수에 8을 더해야 할 것을 잘못 하여 6을 더했더니 12가 되었습니다. 바르게 계산하면 얼마입니까?

어떤 수 :

계산하기 :

잘 공부했는지 알아봅시다

월 일

1 철수는 구슬 7개를 가지고 있습니다. 친구에게 구슬 3개를 받는다면 철수가 가진 구슬은 몇 개가 됩니까?

식 : ________________ 답 : ______ 개

2 □를 사용한 식을 쓰고, 답을 구하시오.

❶ 음악실에 여학생 8명과 남학생 몇 명이 있습니다. 학생은 모두 13명입니다. 남학생은 몇 명입니까?

식 : ________________ 답 : ______ 명

❷ 지은이는 책을 지난주에 9권 읽었고, 이번 주에는 몇 권을 읽었습니다. 2주 동안 읽은 책이 모두 17권이라면 이번 주에 읽은 책은 몇 권입니까?

식 : ________________ 답 : ______ 권

3 민서는 쿠키 4개를 먹었고, 진희는 민서보다 쿠키를 3개 더 먹었습니다. 두 사람이 먹은 쿠키는 모두 몇 개입니까?

식 : ________________ 답 : ______ 개

4 어떤 수에 6을 더해야 할 것을 잘못하여, 9를 더하였더니 16이 되었습니다. 바르게 계산하면 얼마입니까?

어떤 수 : ________________ 계산하기 : ________________

6 조각 덧셈

277 원 선 연결

◐ 연결한 두 수의 합을 빈칸에 써넣으시오.

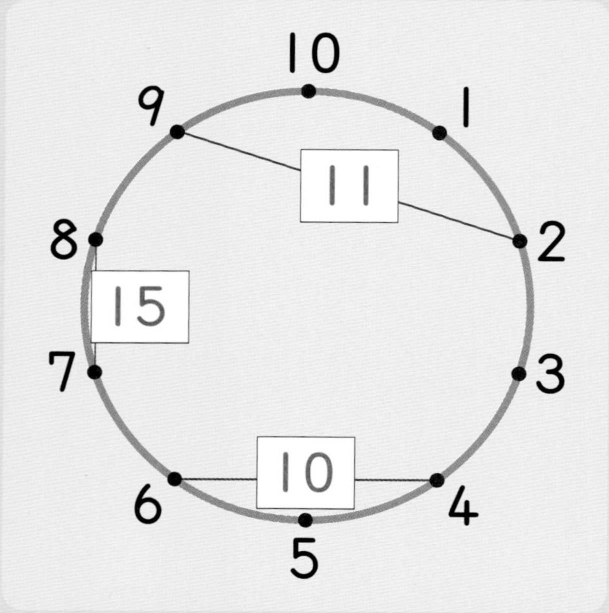

❶

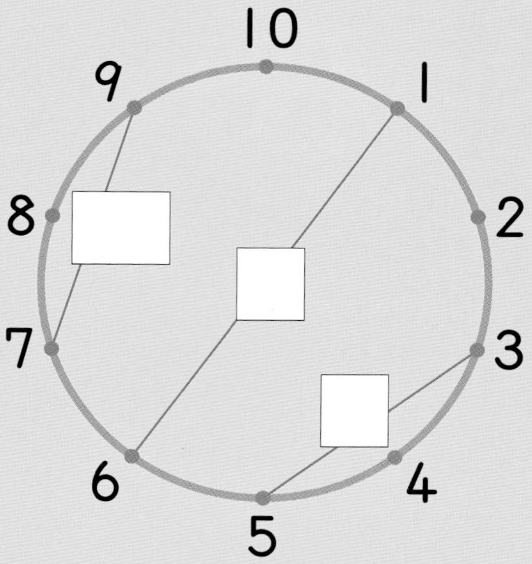

❷

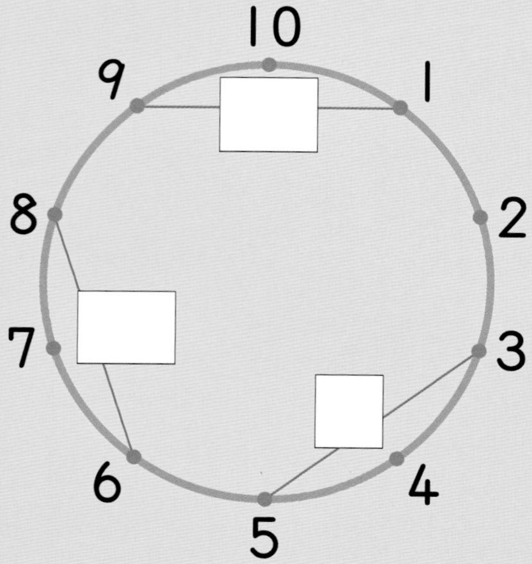

❸

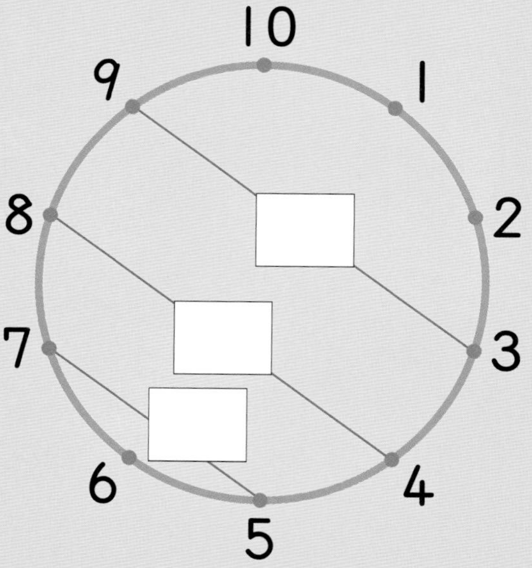

월 일

합이 가운데 수가 되도록 두 점을 연결하시오. ● 안의 수만큼 선을 긋습니다.

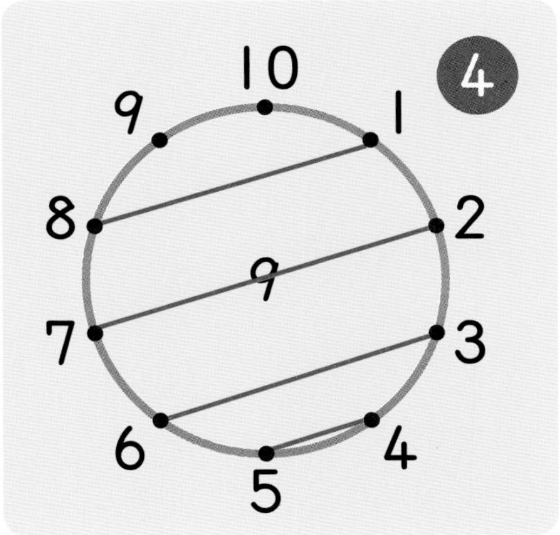

❶

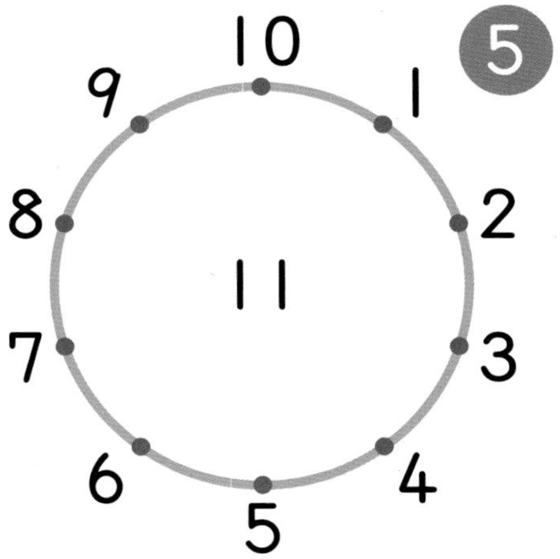

❷

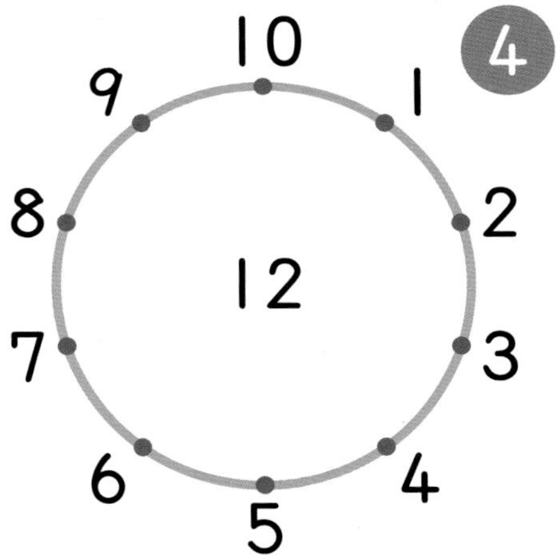

❸

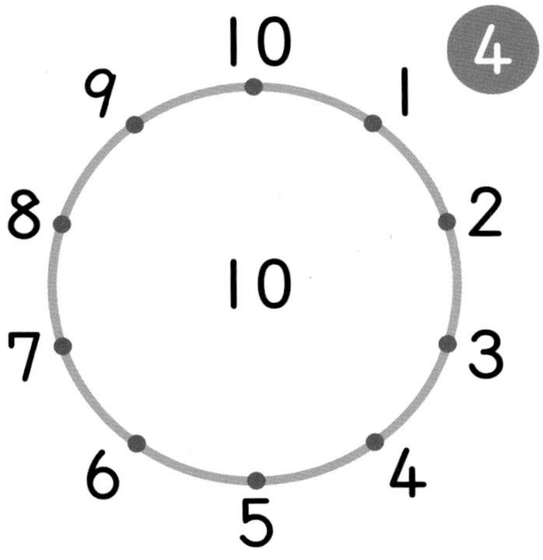

❹

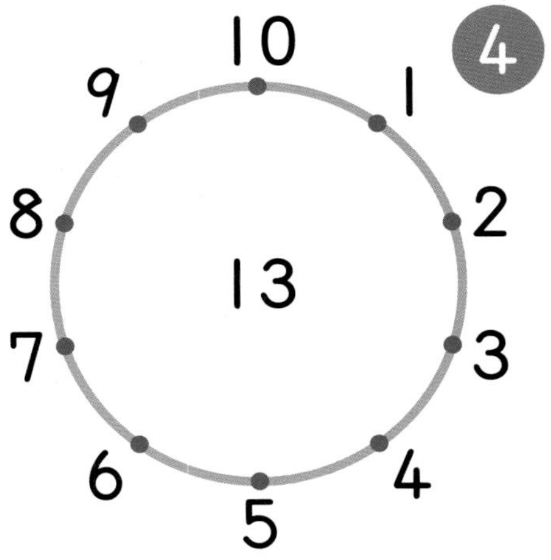

278 바람개비

◐ 가로, 세로로 두 수의 합을 빈칸에 써넣으시오.

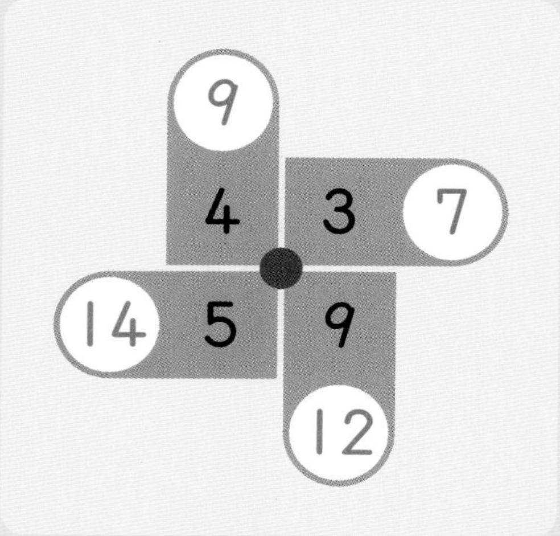

❶

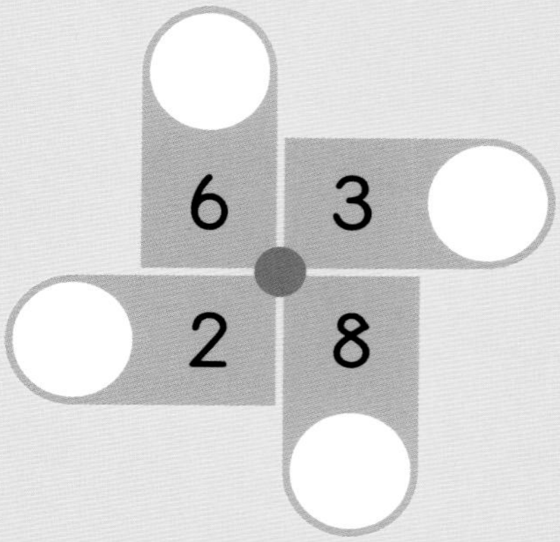

❷

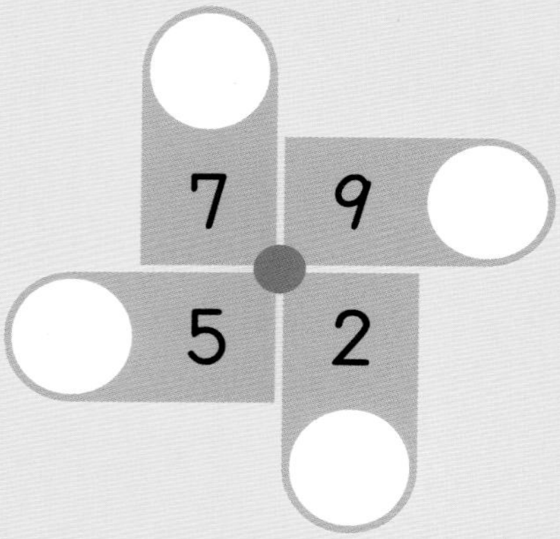

❸

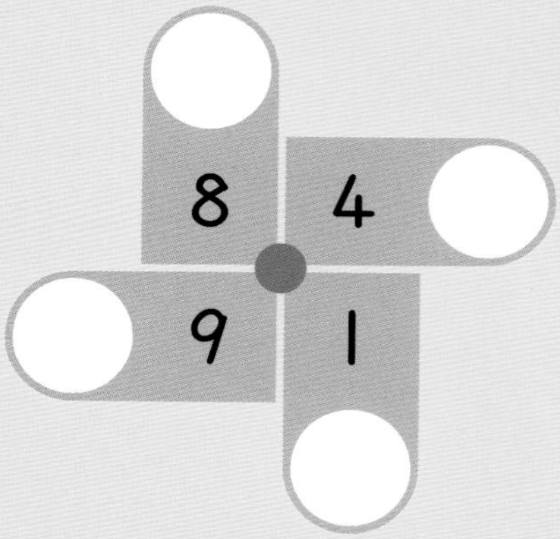

❹

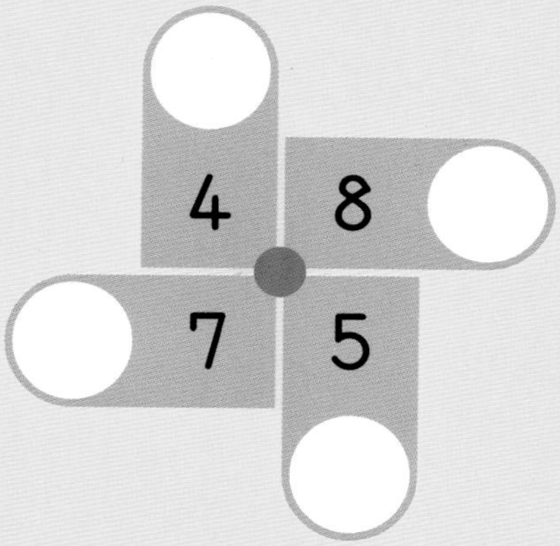

❺

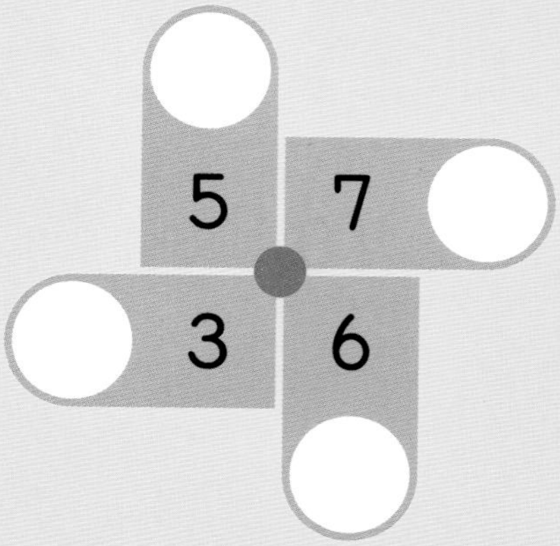

◆ 빈칸에 알맞은 수를 써넣으시오.

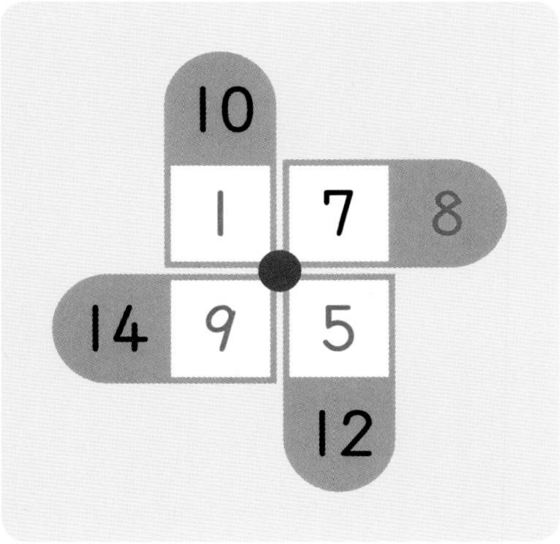

❶

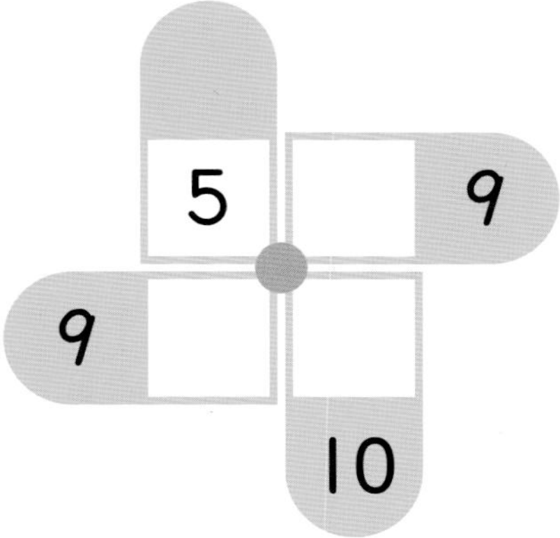

❷

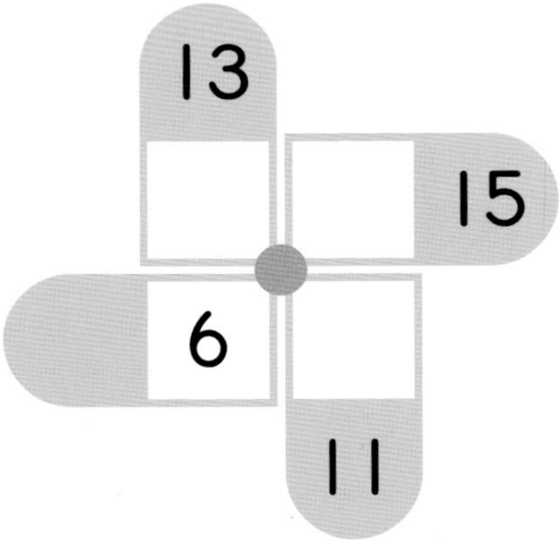

❸

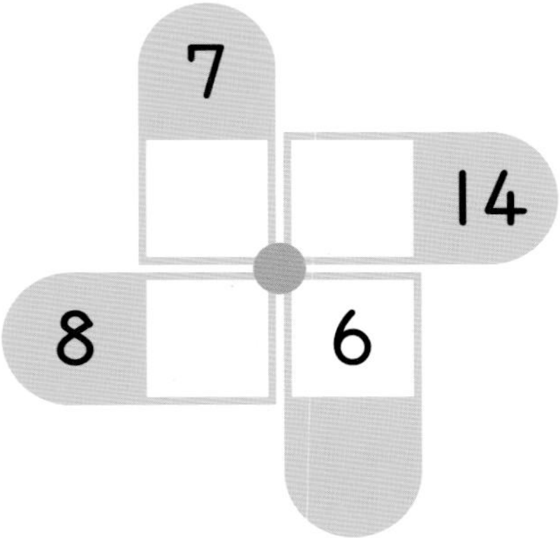

❹

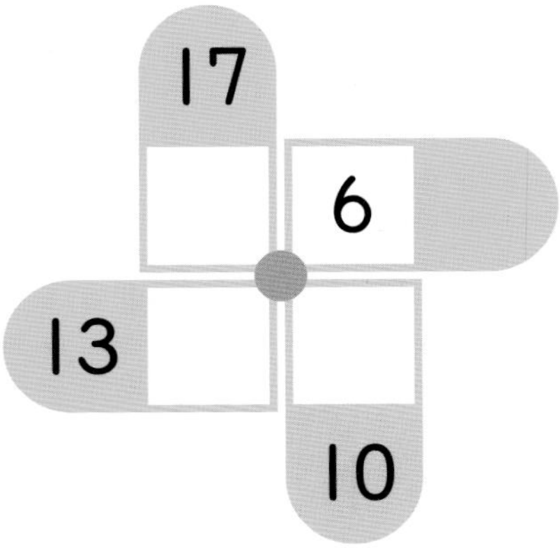

❺

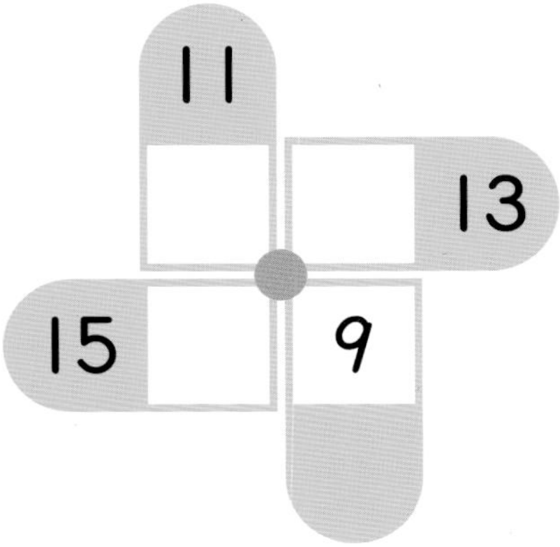

피라미드

◐ 위의 수는 아래 두 수의 합입니다. 빈칸을 채우시오.

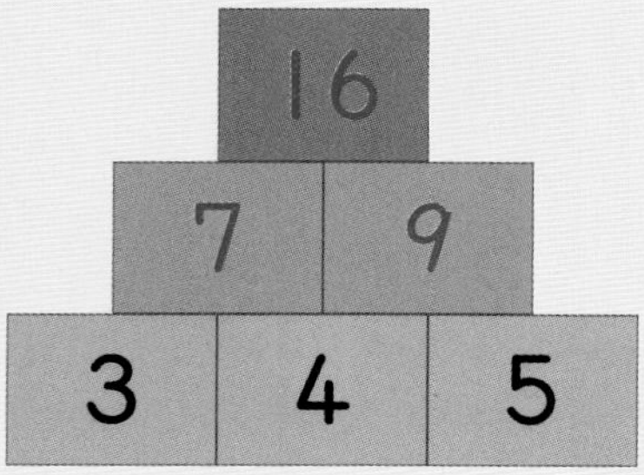

❶

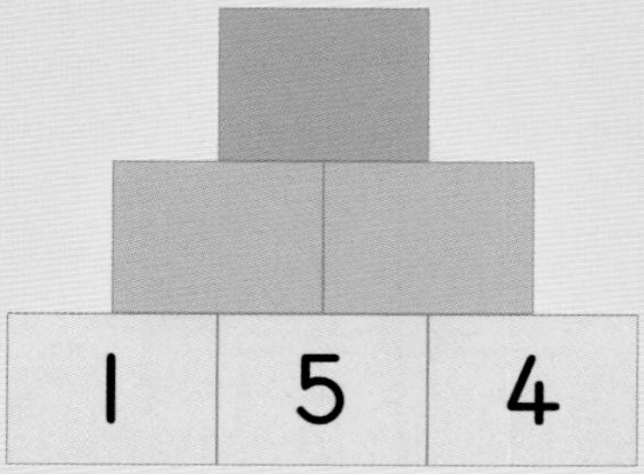

❷

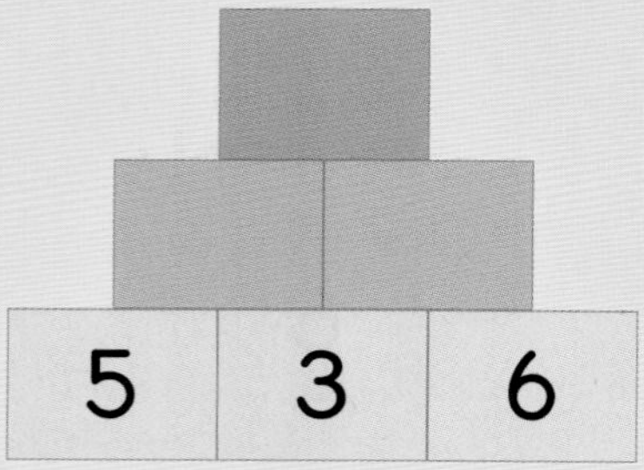

❸

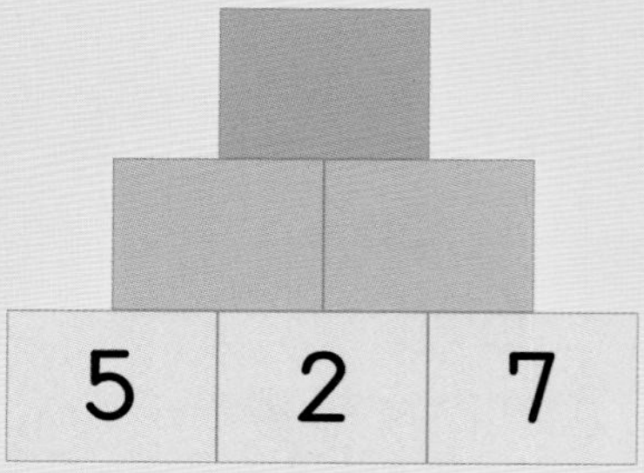

❹

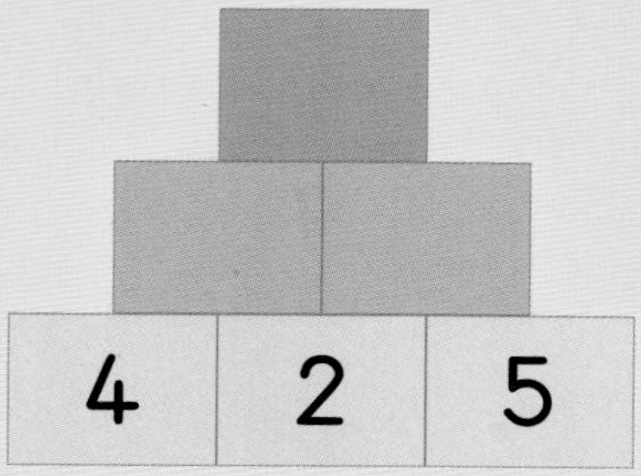

❺

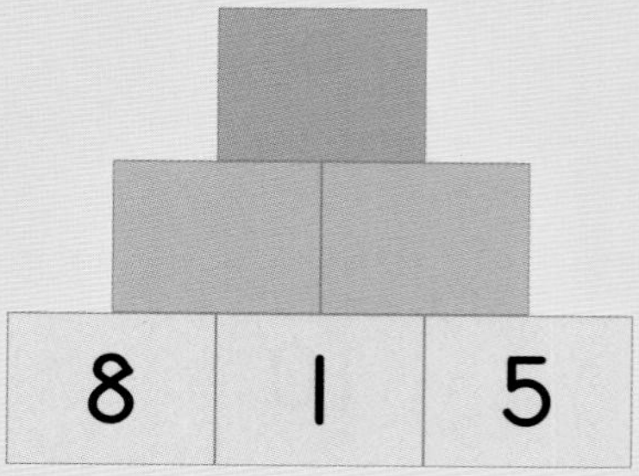

월 일

⊕ 위의 수는 아래 두 수의 합입니다. 빈칸을 채우시오.

❶
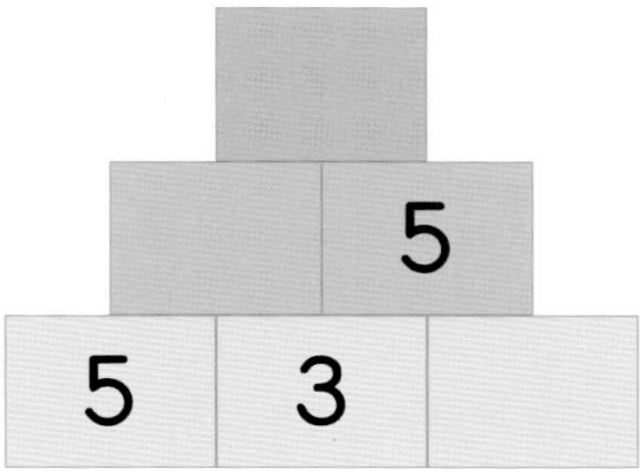

❷
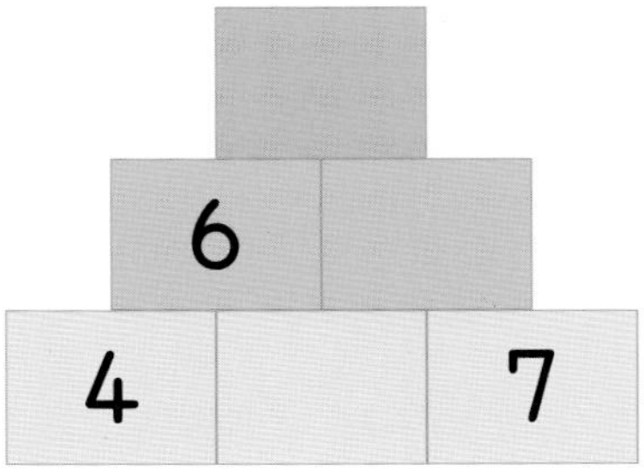

❸

❹
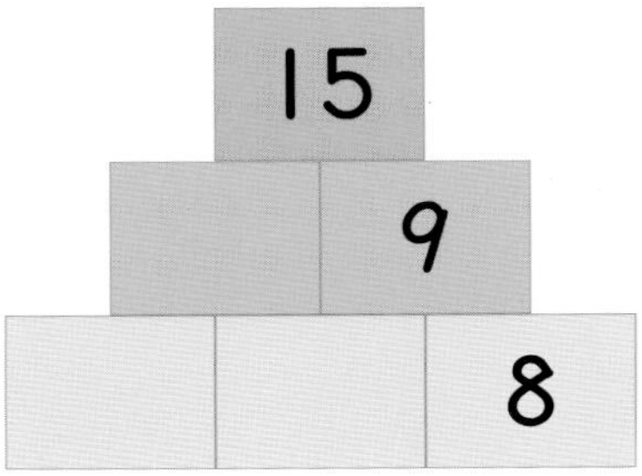

❺
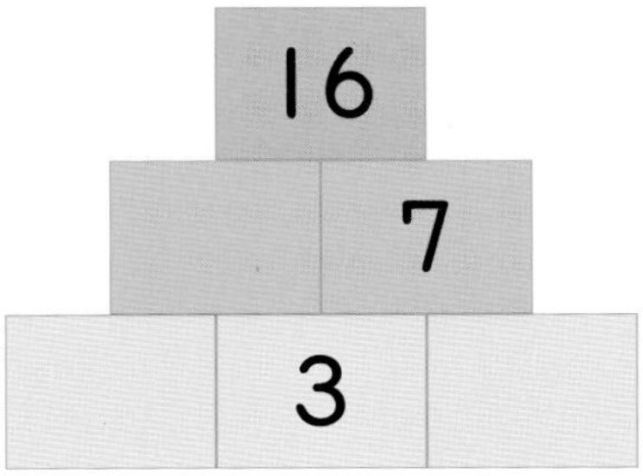

280 덧셈표

◐ 가로, 세로로 더하여 빈칸에 알맞은 수를 써넣으시오.

+	9	7	8
1	10	8	9
3	12	10	11
4	13	11	12

❶

+	3	4	5
8			
7			
5			

❷

+	9	7	2
6			
4			
8			

❸

+	4	6	3
9			
5			
3			

❹

+	2	1	7
4			
8			
3			

❺

+	4	6	1
7			
5			
2			

월 일

덧셈표의 빈칸에 알맞은 수를 써넣으시오.

+	9	7	8
1	10	8	9
3	12	10	11
2	11	9	10

❶

+		6	
	10	12	
7			12
			6

❷

+	8		
4		13	
	10		
5			12

❸

+			2
			11
7		10	
	4		5

❹

+		9	
		18	
7			
1	6		9

❺

+		6	
3	7		11
		12	
	6		

잘 공부했는지 알아봅시다

월 일

1 가로, 세로로 두 수의 합을 빈칸에 써넣으시오.

❶

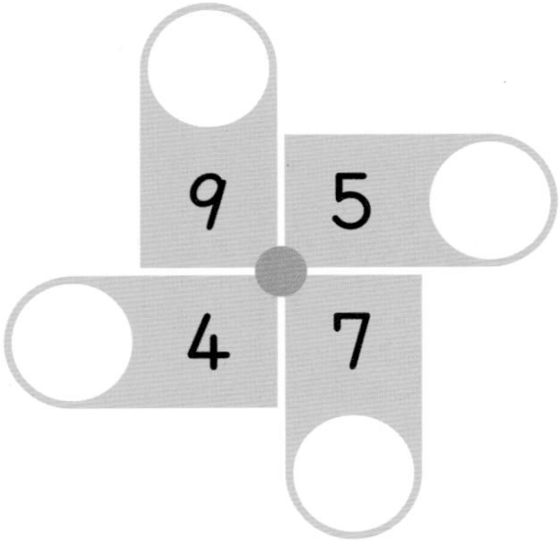

❷

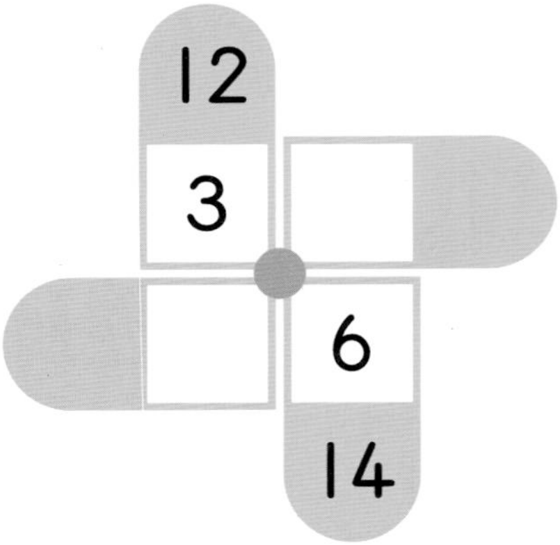

2 아래의 수는 위 두 수의 합입니다. 빈칸에 알맞은 수를 써넣으시오.

❶

❷

3 덧셈표의 빈칸에 알맞은 수를 써넣으시오.

+	5	9	6
7			
4			
8			

7 덧셈 문제해결 (1)

281 네모 대소

◐ □ 안에 들어갈 수 있는 수를 찾아 ○표 하시오.

$7+\square<11$

③ 4 5

❶ $3+\square>11$

7 8 9

❷ $8+\square<15$

6 7 8

❸ $\square+9>12$

2 3 4

❹ $\square+8<14$

5 6 7

❺ $\square+4>12$

7 8 9

❻ $6+\square>10$

3 4 5

❼ $4+\square<11$

6 7 8

❽ $5+\square>12$

6 7 8

❾ $\square+8<12$

3 4 5

❿ $\square+7>15$

7 8 9

⓫ $\square+6<13$

6 7 8

월 일

⊕ 1에서 9까지의 수 중에서 □ 안에 들어갈 수 있는 수를 모두 쓰시오.

$8+\square>12$

5, 6, 7, 8, 9

❶ $\square+5<11$

❷ $\square+6>13$

❸ $9+\square<15$

❹ $5+\square>11$

❺ $\square+7<12$

❻ $\square+9>13$

❼ $8+\square<14$

❽ $7+\square>12$

❾ $\square+5<12$

282 매트릭스

◐ 가로, 세로로 두 수씩 더해 빈칸에 알맞은 수를 써넣으시오.

1	5		6
3		2	5
	6	4	10
4	11	6	+

❶

5	7		
	9	4	
2		1	
			+

❷

	7	4	
6	2		
8		3	
			+

❸

	3	7	
5		1	
9	6		
			+

❹

6		8	
	2	9	
4	5		
			+

❺

8		7	
5	6		
	9	3	
			+

⊕ 1부터 9까지의 수 중 서로 다른 수를 써넣어 매트릭스를 완성하시오.

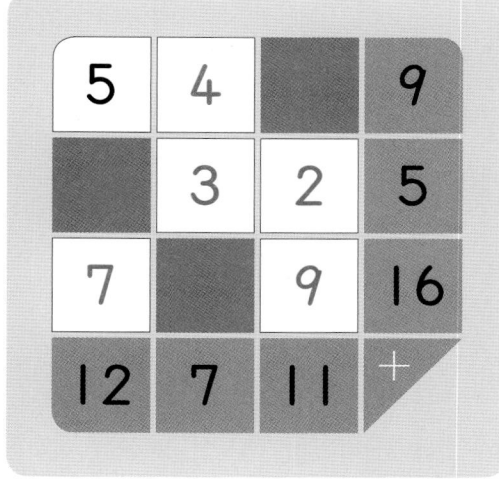

5	4		9
	3	2	5
7		9	16
12	7	11	+

❶

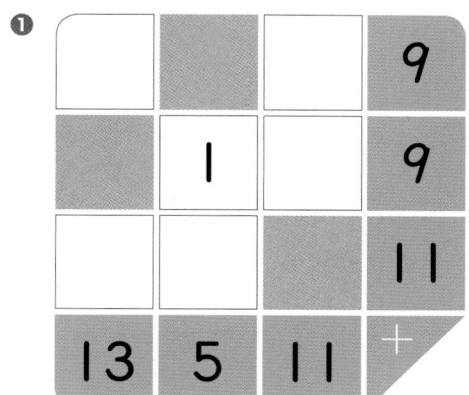

			9
	1		9
			11
13	5	11	+

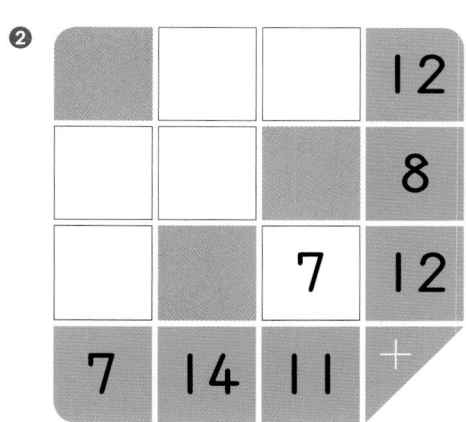

❷

			12
			8
		7	12
7	14	11	+

❸

			17
			11
2			5
9	11	13	+

❹

	3		12
			10
			12
15	8	11	+

❺

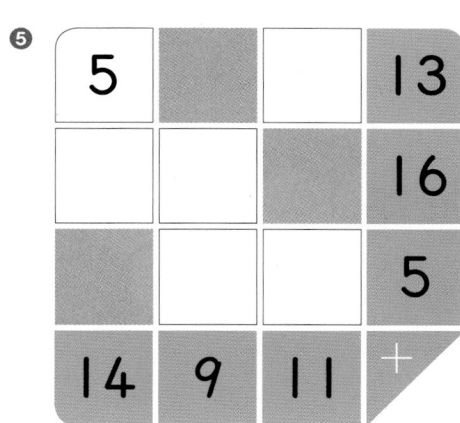

5			13
			16
			5
14	9	11	+

283 벌집셈

◐ 벌집 안 두 수의 합을 빈칸에 써넣으시오.

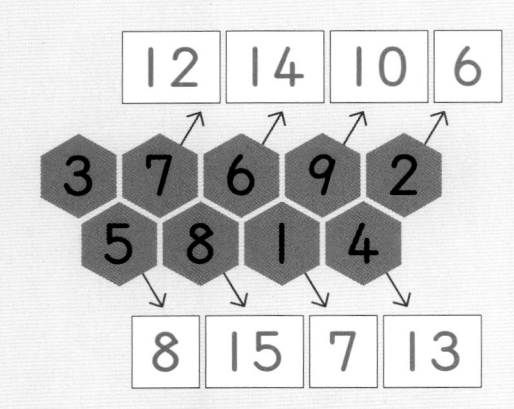

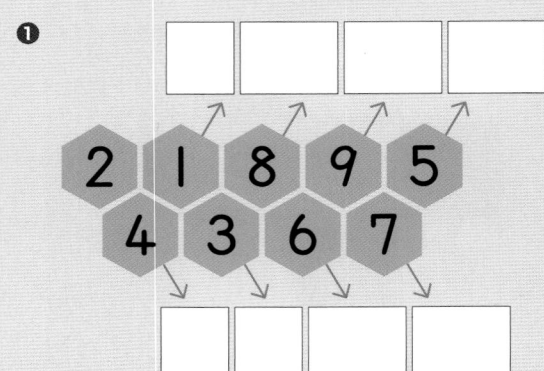

(예시)

12 14 10 6

3 7 6 9 2

5 8 1 4

8 15 7 13

❶

2 1 8 9 5

4 3 6 7

❷

4 3 8 7 5

1 2 6 9

❸

6 5 4 7 2

8 9 1 3

❹

3 5 2 4 7

9 8 6 1

❺

5 9 2 7 4

8 3 1 6

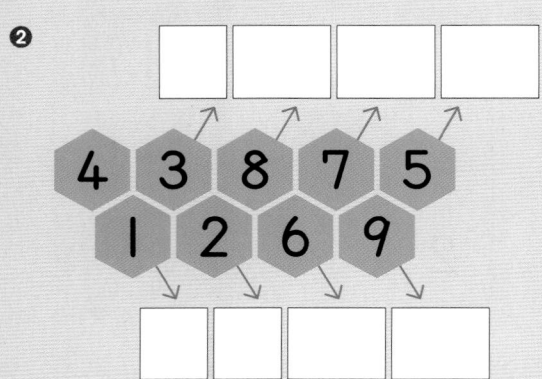

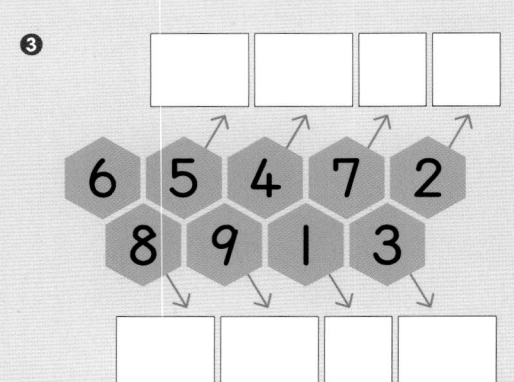

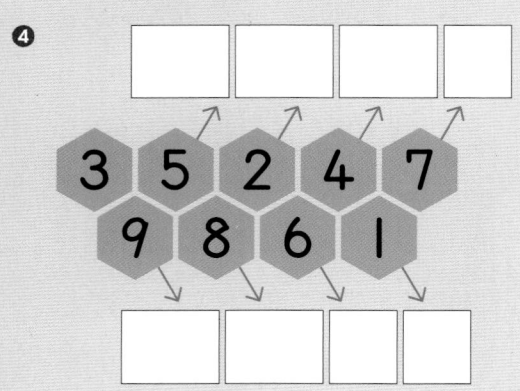

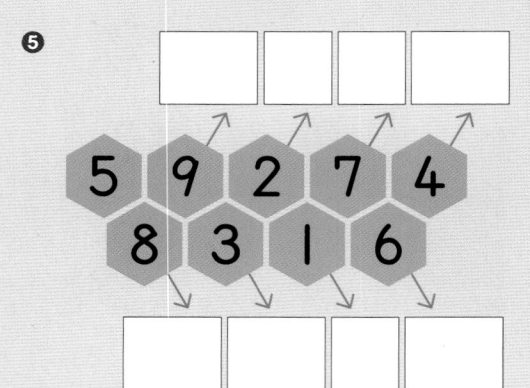

월 일

✤ 두 수의 합에 맞게 1에서 9까지의 수를 하나씩 벌집 안에 써넣으시오.

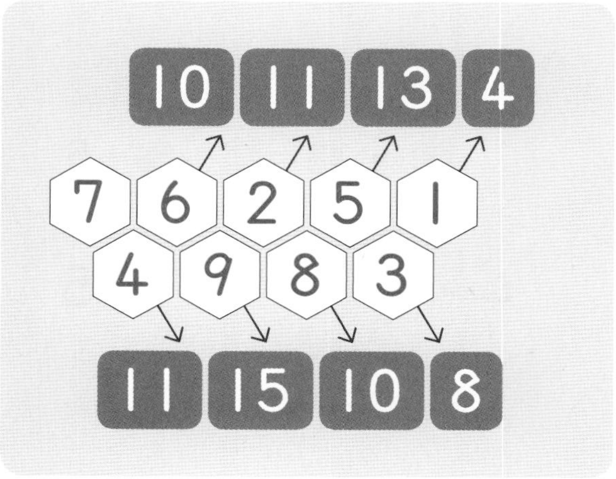

❶

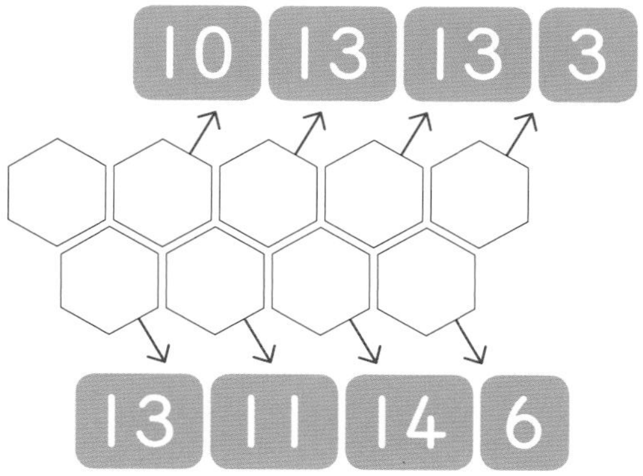

❷

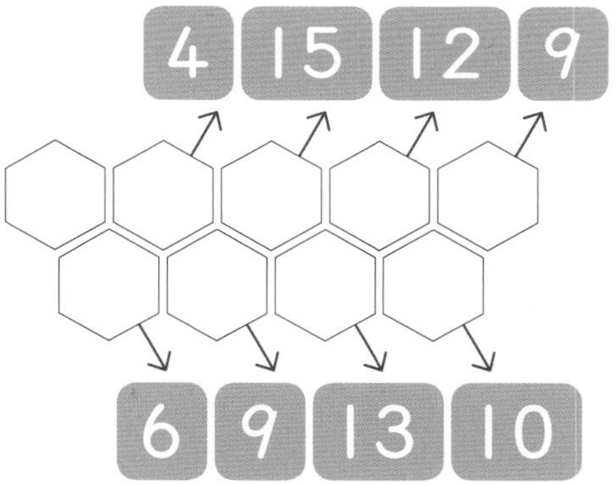

❸

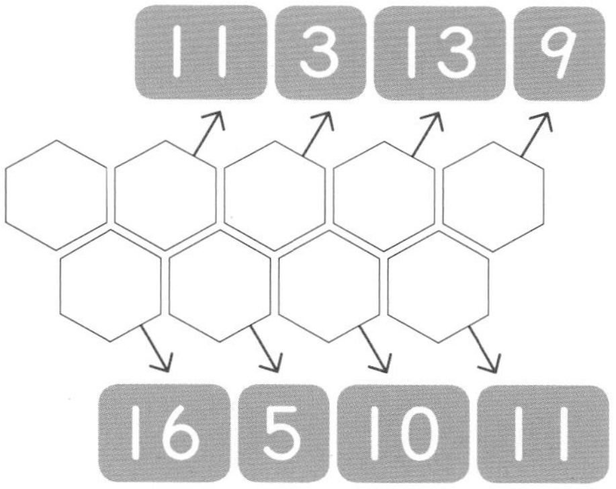

❹

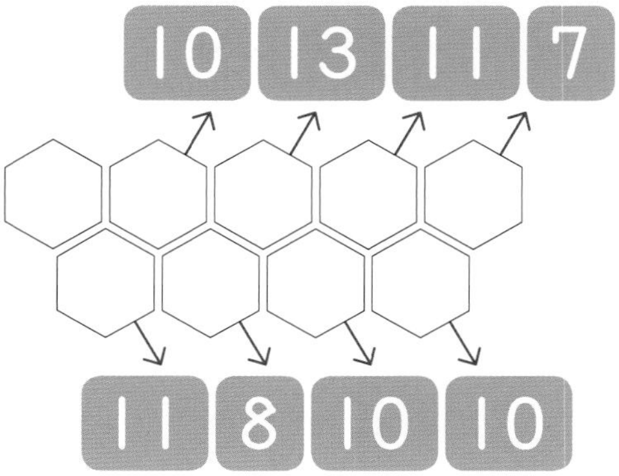

❺

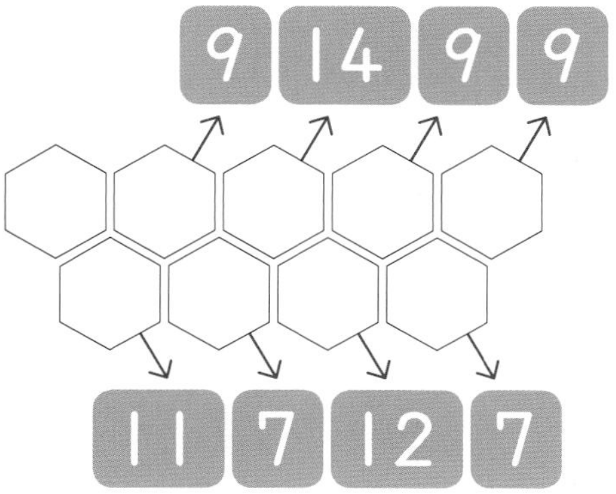

284 약속셈

◐ 약속에 맞게 계산한 것입니다. 빈칸에 알맞은 수를 써넣으시오.

약속

■⊙●＝■＋●＋■

6⊙3＝6＋[3]＋6

＝[15]

5⊙4＝[5]＋4＋[5]

＝[14]

❶ **약속**

■◈●＝■＋●＋5

4◈2＝4＋□＋5

＝□

3◈5＝3＋□＋5

＝□

❷ **약속**

■⊡●＝■＋●＋●

7⊡2＝7＋□＋2

＝□

5⊡4＝□＋4＋□

＝□

❸ **약속**

■◬●＝■＋3＋●

6◬6＝6＋3＋□

＝□

5◬9＝5＋3＋□

＝□

월 일

⊕ 약속에 맞게 계산하시오.

약속

■⊙● = ■ + ● + ■

7⊙1 = [15]

6⊙2 = [14]

❶ **약속**

■◈● = ■ + ● + 5

4◈3 = [ ]

6◈1 = [ ]

❷ **약속**

■⊡● = ■ + ● + ●

6⊡3 = [ ]

1⊡8 = [ ]

❸ **약속**

■◬● = ■ + 3 + ●

4◬7 = [ ]

2◬8 = [ ]

❹ **약속**

■⧩● = 4 + ■ + ●

3⧩8 = [ ]

5⧩6 = [ ]

❺ **약속**

■⊙● = ■ + ● + ■

4⊙5 = [ ]

7⊙2 = [ ]

잘 공부했는지 알아봅시다

월 일

1 두 수를 골라 □ 안에 써넣어 식을 완성하시오.

❶ 7+□+□=15

2 5 8 6

❷ 6+□+□=17

1 8 4 3

2 두 수의 합에 맞게 1에서 9까지의 수를 하나씩 벌집 안에 써넣으시오.

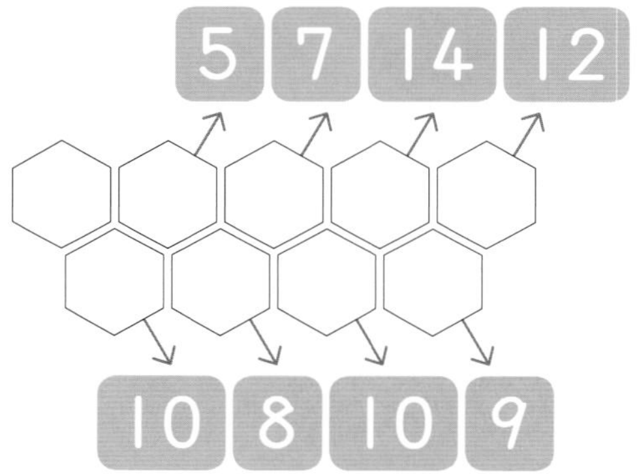

3 약속에 맞게 계산하시오.

❶ 약속

■⊙●=■+●+■

7⊙1=□

❷ 약속

■⊡●=■+●+●

2⊡4=□

8 덧셈 문제해결 (2)

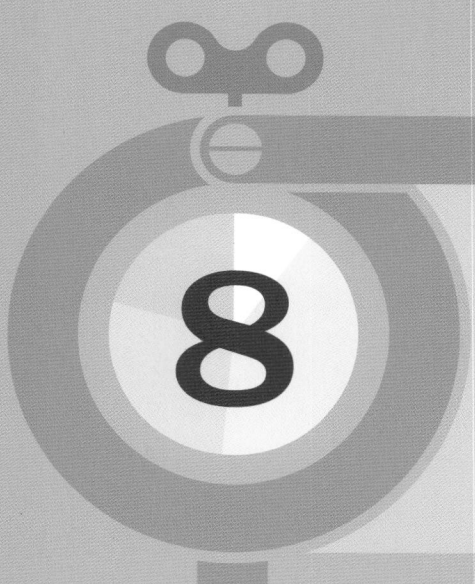

285 사다리 타기

◐ 사다리 타기를 해 봅시다. 빈칸에 알맞은 수를 써넣으시오.

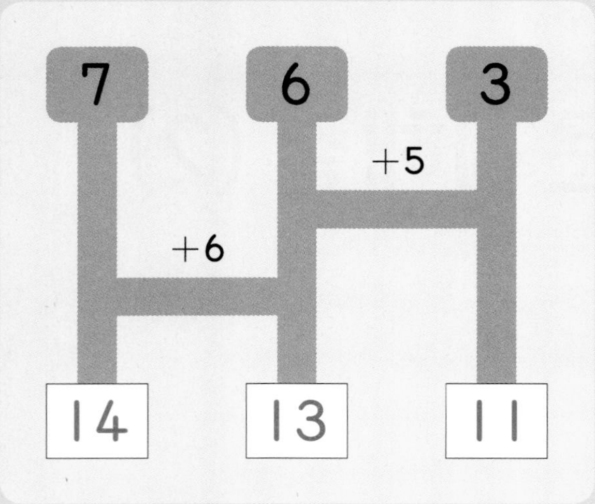

❶
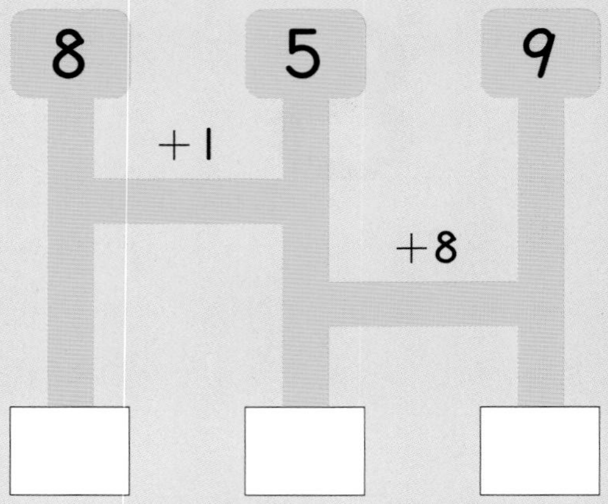

❷
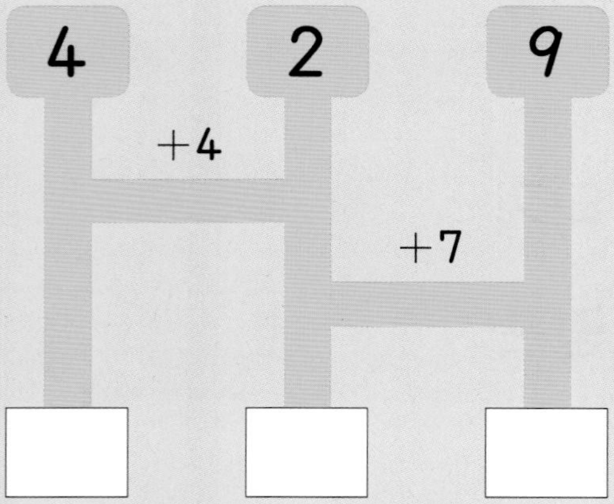

❸
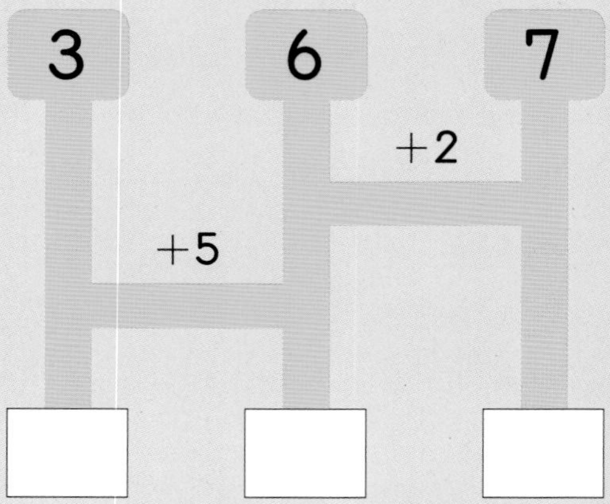

❹
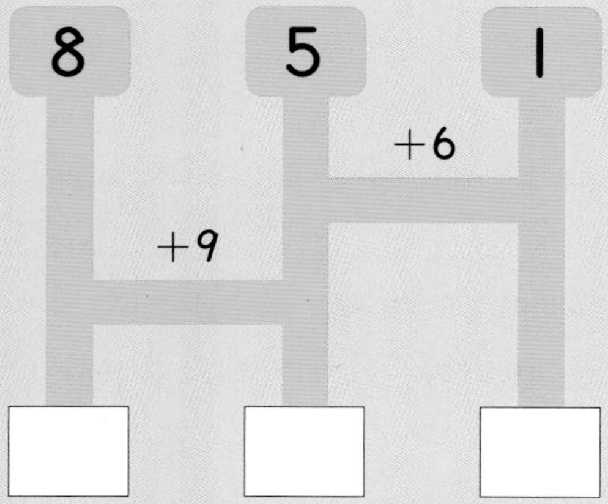

❺
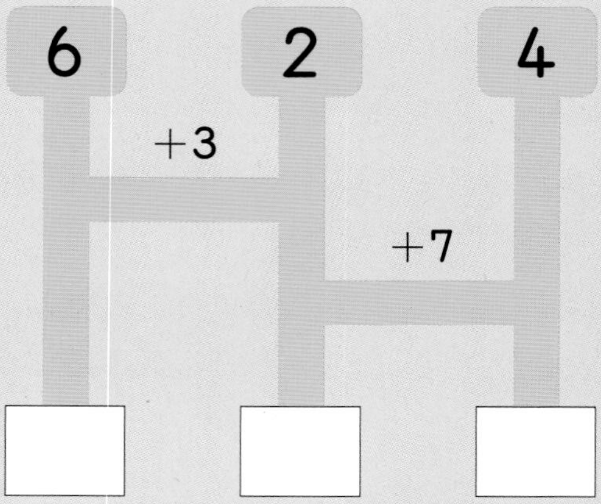

빈칸에 알맞은 수를 써넣으시오.

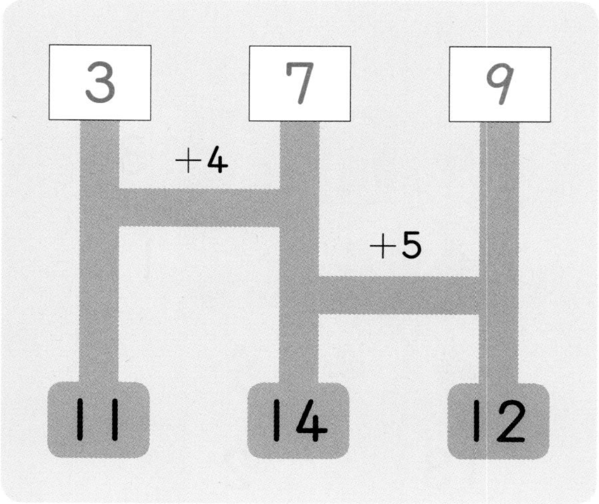

❶
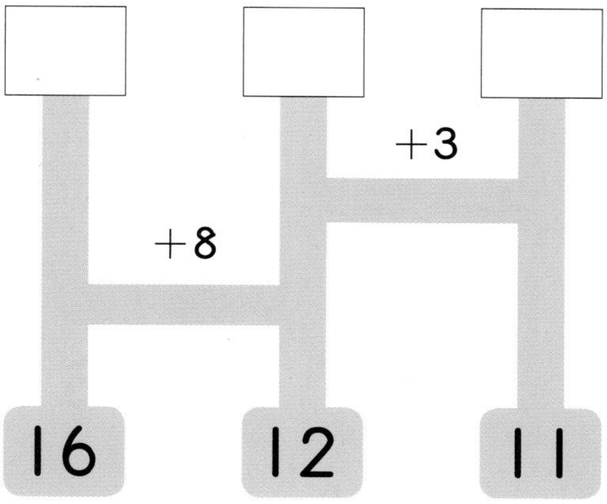

❷
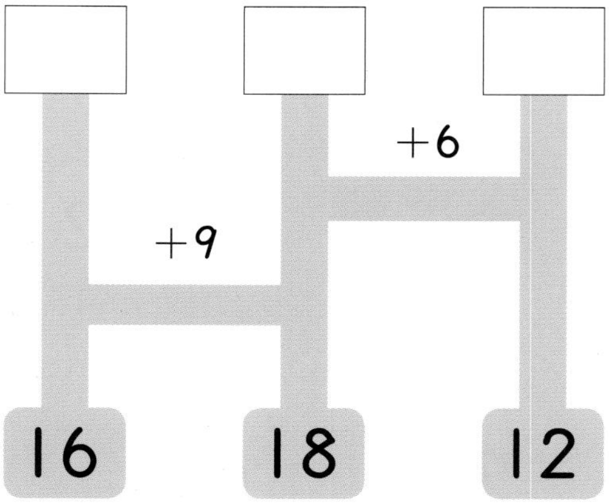

❸
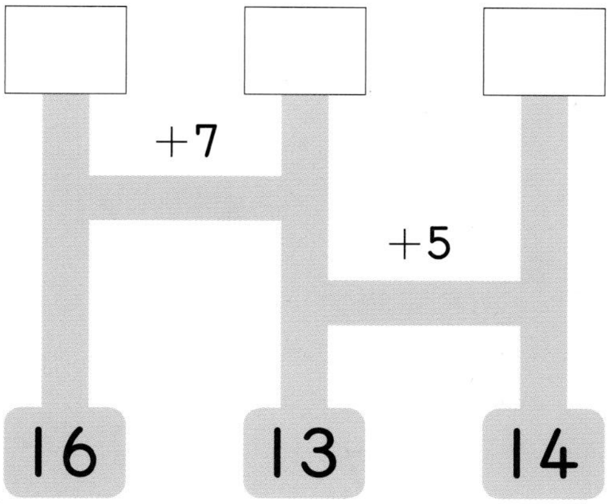

❹
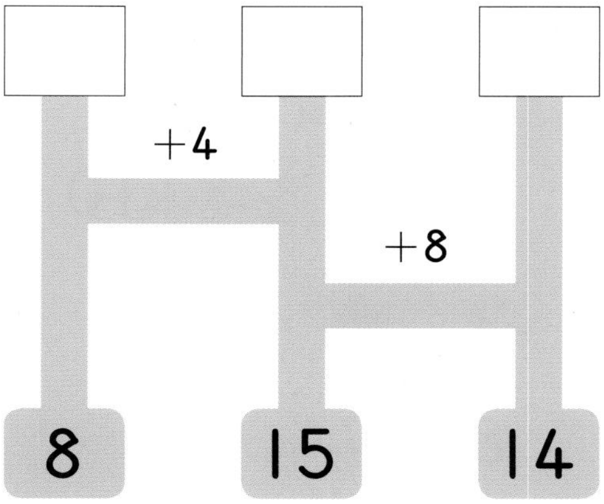

❺
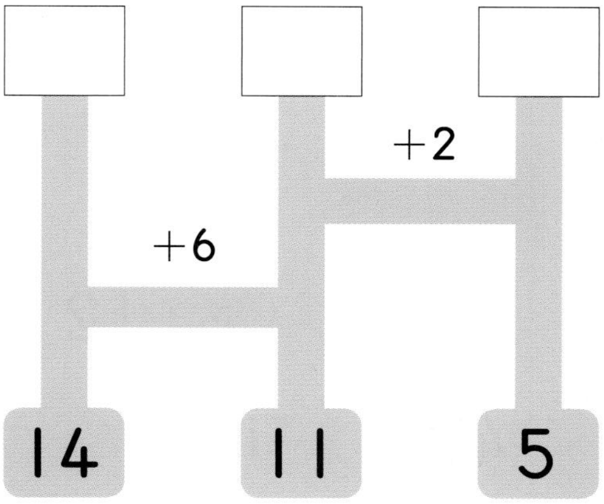

286 격자 트럼프

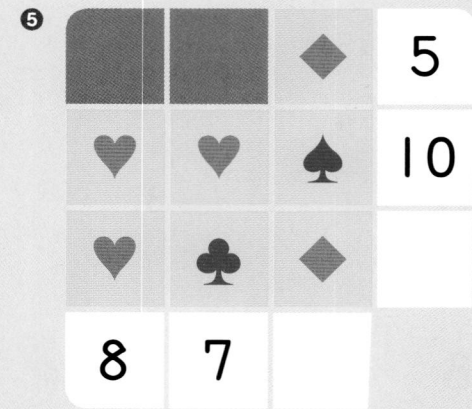

◐ 같은 모양은 같은 수, 다른 모양은 다른 수를 나타내고, 수는 각 줄의 합입니다. 빈칸을 채우시오.

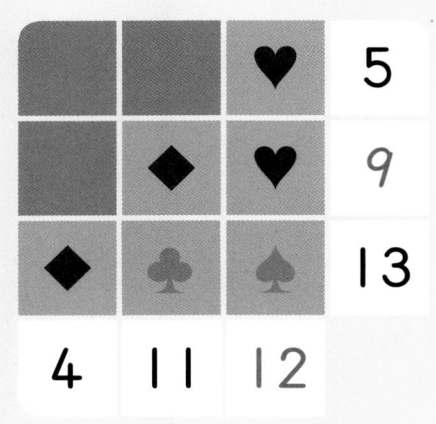

		♥	5
	◆	♥	9
◆	♣	♠	13
4	11	12	

❶

◆			3
♠	♥		11
♠	♣	♣	
13		2	

❷

		♠	
	♠	♠	6
♥	♥	♣	9
	7		

❸

◆			
◆	♥		12
◆	♣	♣	
9		6	

❹

	♣	♠	6
	♥	♠	
♠	◆	♥	12
4		15	

❺

		◆	5
♥	♥	♠	10
♥	♣	◆	
8	7		

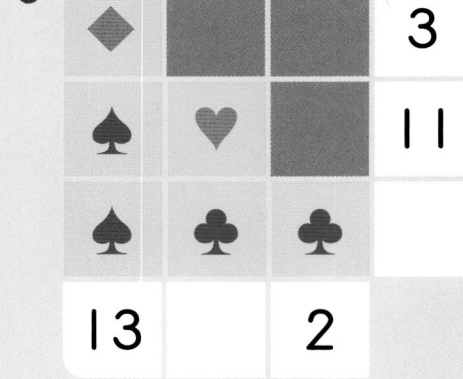

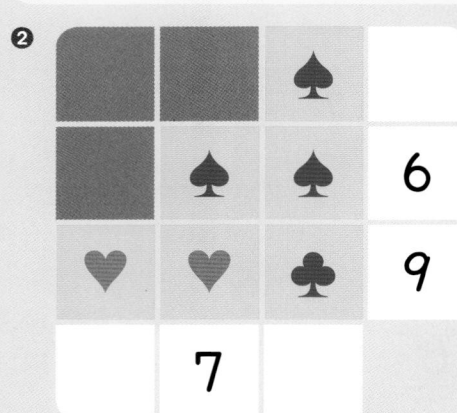

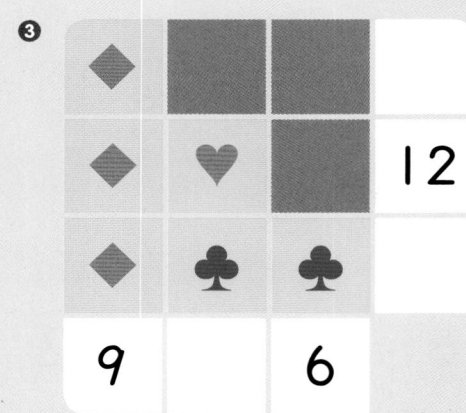

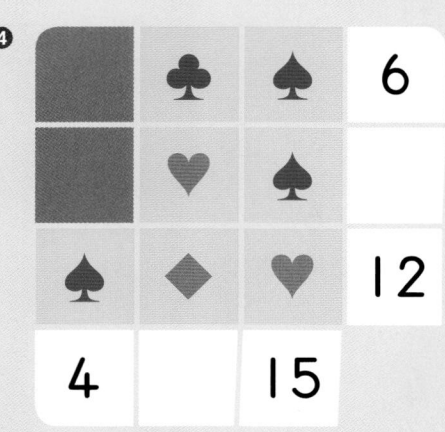

◆ 같은 모양은 같은 수, 다른 모양은 다른 수를 나타내고, 수는 각 줄의 합입니다. 빈칸을 채우시오.

♥	♣	♦	10
♠	♦	♦	10
♥	♣	♦	10
8	13	9	

❶

♣	♠	♥	
♣	♦	♦	7
♣	♠	♥	12
3		13	

❷

♠	♠	♥	10
♦	♦	♣	
♣	♦	♣	4
6	7		

❸

♥	♣	♣	12
♠	♠	♠	12
♥	♣	♦	
8		16	

❹

♠	♥	♣	6
♦	♠	♣	11
♦	♠	♦	
15	4		

❺

♥	♠	♠	8
♥	♠	♦	
♥	♣	♣	6
12		6	

287 방진셈

◐ 2에서 6까지의 수를 한 번씩 사용하여 한 줄에 쓰여진 세 수의 합이 ● 안의 수가 되도록 한 것입니다. 빈칸에 알맞은 수를 써넣으시오.

❶

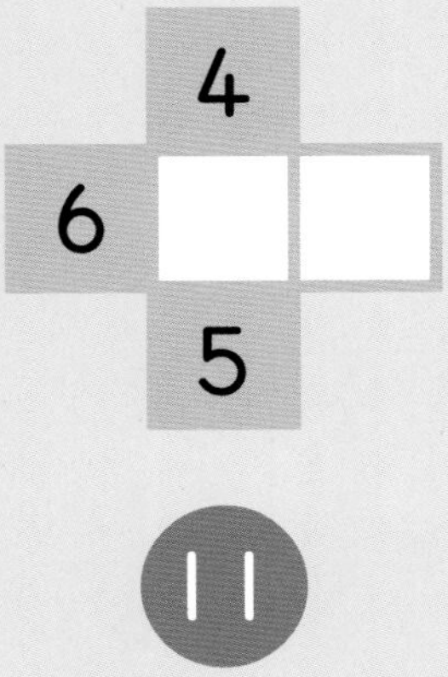

❷

◐ 1에서 6까지의 수를 한 번씩 사용하여 한 줄에 쓰여진 세 수의 합이 ▬ 안의 수가 되도록 한 것입니다. 빈칸에 알맞은 수를 써넣으시오.

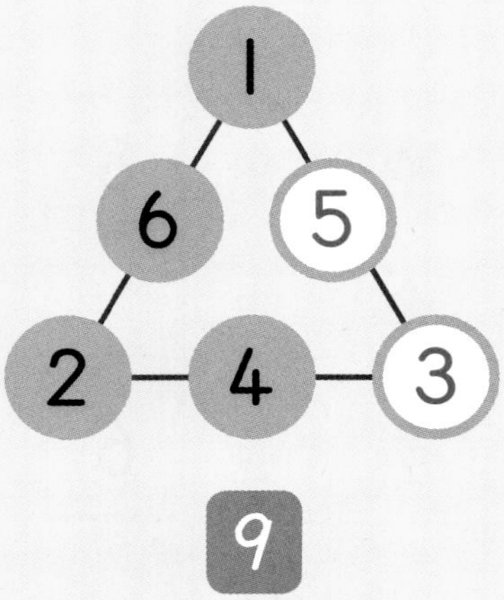

❸

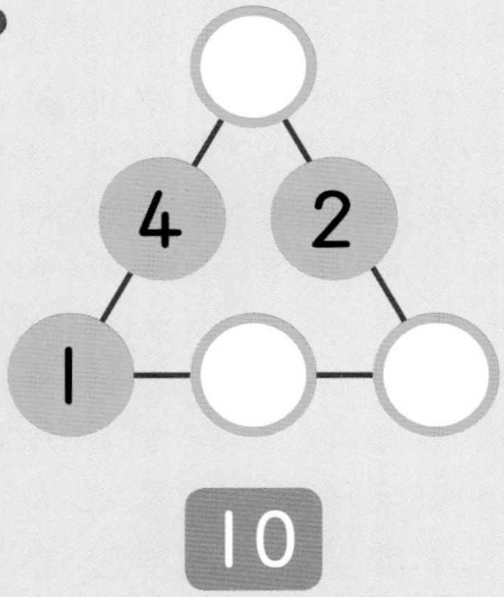

❹

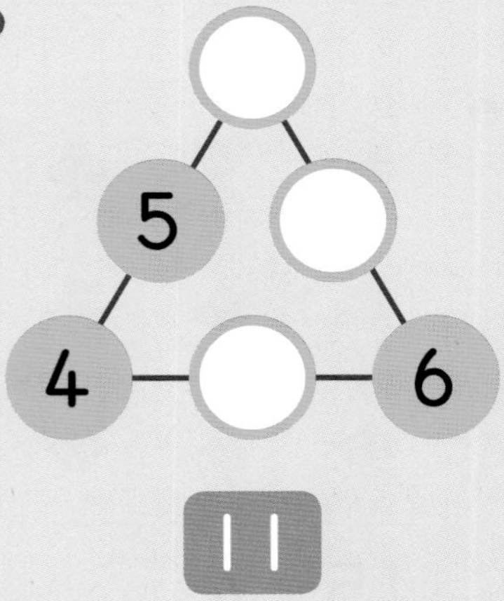

● 1에서 5까지의 수를 한 번씩 사용하여 한 줄에 쓰여진 세 수의 합이 ● 안의 수가 되도록 빈칸에 알맞은 수를 써넣으시오.

❶

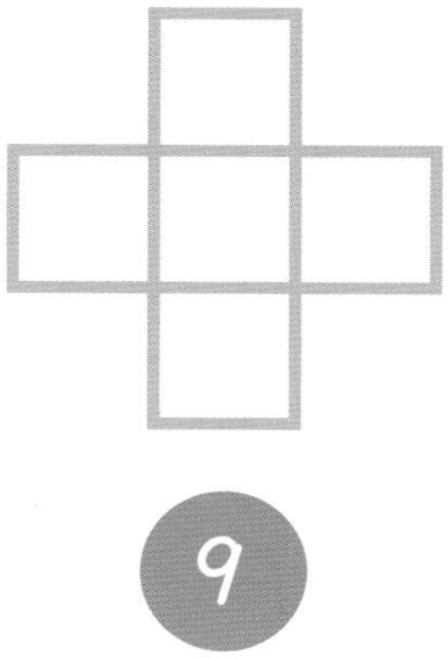

❷

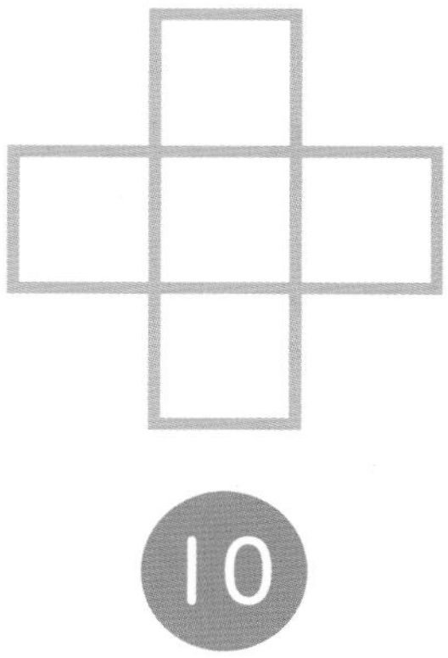

● 1에서 6까지의 수를 한 번씩 사용하여 한 줄에 쓰여진 세 수의 합이 ■ 안의 수가 되도록 빈칸에 알맞은 수를 써넣으시오.

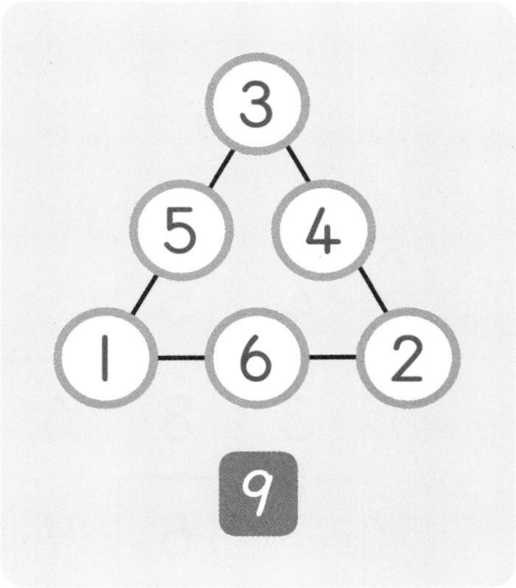

❸

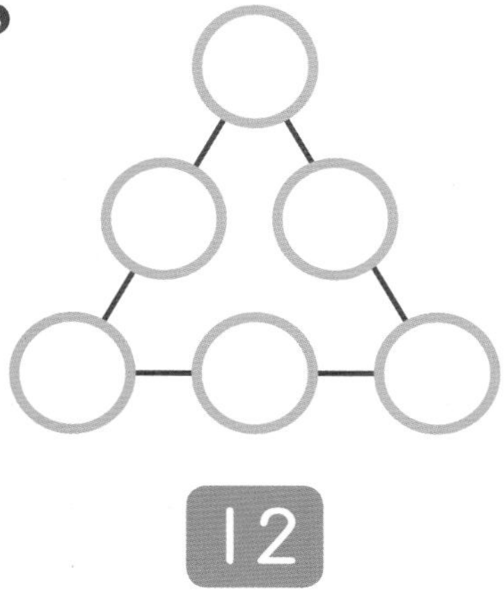

❹

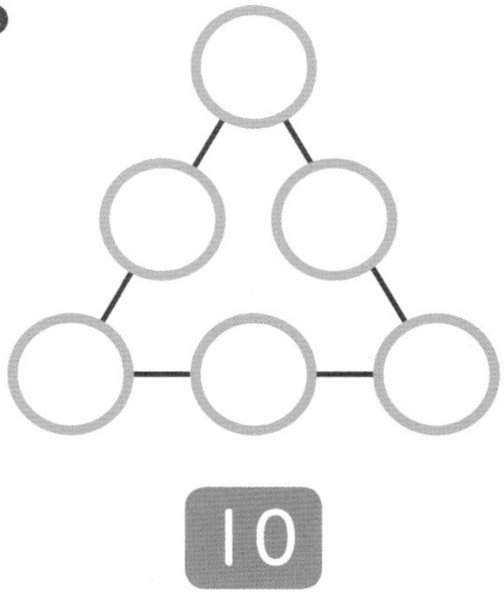

288 울타리 치기

◐ 나누어진 세 수의 합이 같도록 빈칸에 알맞은 수를 써넣으시오.

2	5	7
5	1	4
2	2	8

❶

5	1	4
3	8	
	6	6

❷

6	8	
2		1
5	4	8

❸

2	7	5
3	5	6
		1

❹

	4	2
4		5
6	3	9

❺

4	5	4
2	3	
1	6	

❻

2	6	3
8	2	
1		2

❼

2		2
	6	7
8	3	1

❽

4	5	
3	3	6
	6	9

세 수의 합이 같도록 세 부분으로 나누시오.

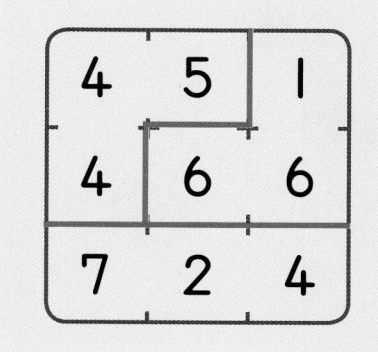

4	5	1
4	6	6
7	2	4

❶

2	4	4
7	8	3
7	7	6

❷

2	4	5
1	8	1
2	5	5

❸

3	5	7
2	9	2
7	6	4

❹

5	7	9
2	3	1
3	8	4

❺

3	4	5
6	4	2
9	1	2

❻

4	5	7
9	6	8
4	6	2

❼

3	2	5
2	6	4
2	2	7

❽

7	1	6
5	3	3
8	2	4

잘 공부했는지 알아봅시다

월 일

1 한 줄의 합이 ▭ 안의 수가 되도록 1부터 6까지의 수를 빈칸에 써넣으시오.

❶
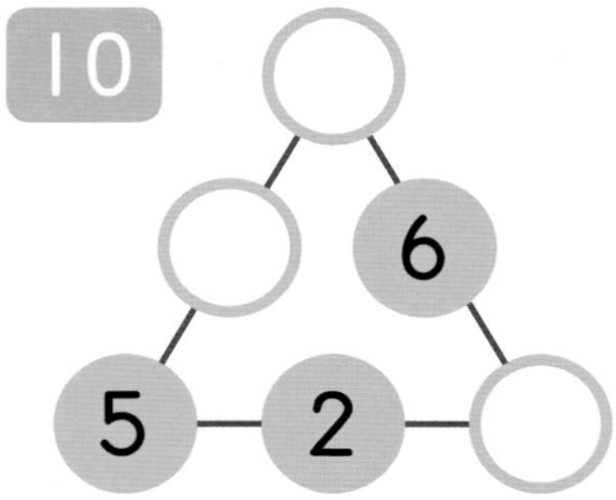

❷
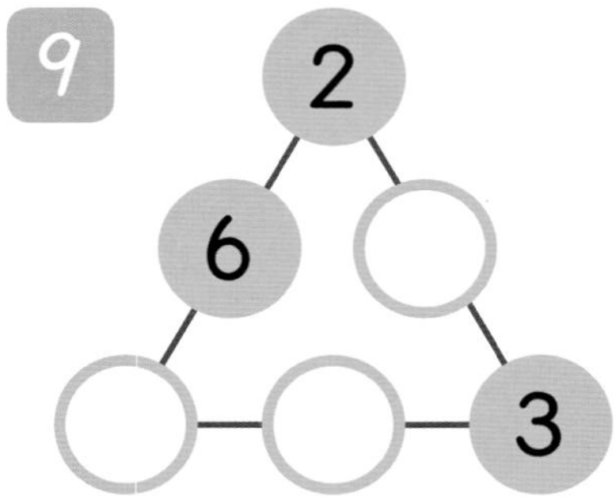

2 같은 모양은 같은 수, 다른 모양은 다른 수를 나타내고, 수는 각 줄의 합입니다. 빈칸을 채우시오.

♣	◆	♠	11
♠	◆	◆	8
♠	◆	♠	
	6		

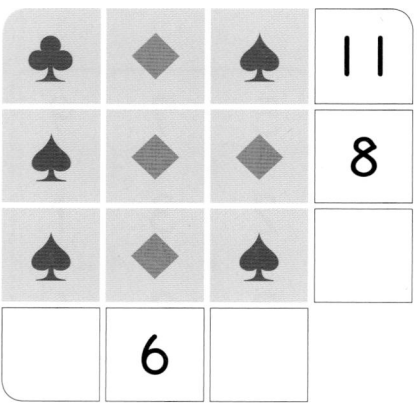

3 빈칸에 알맞은 수를 써넣으시오.

❶
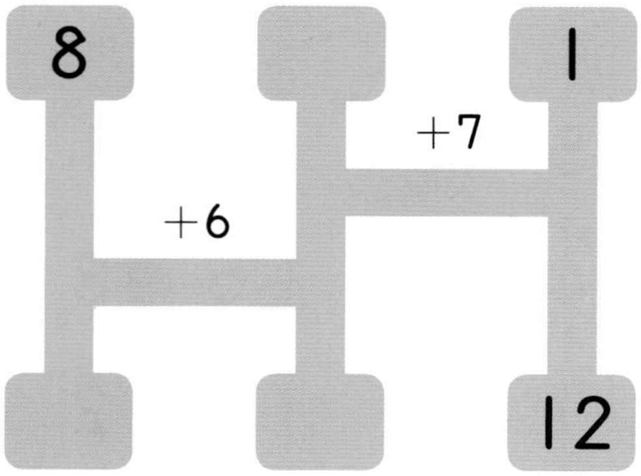

❷
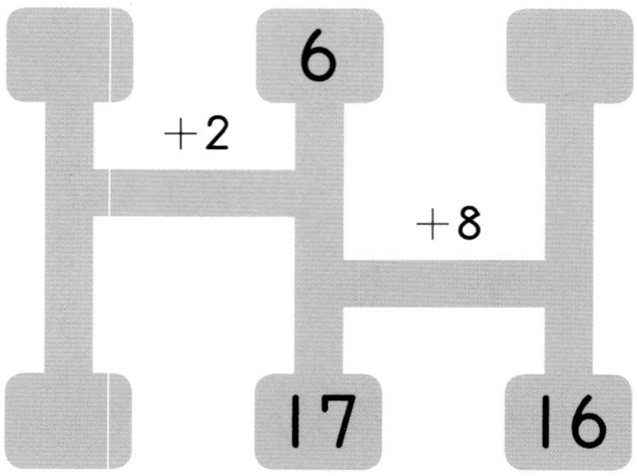

MEMO

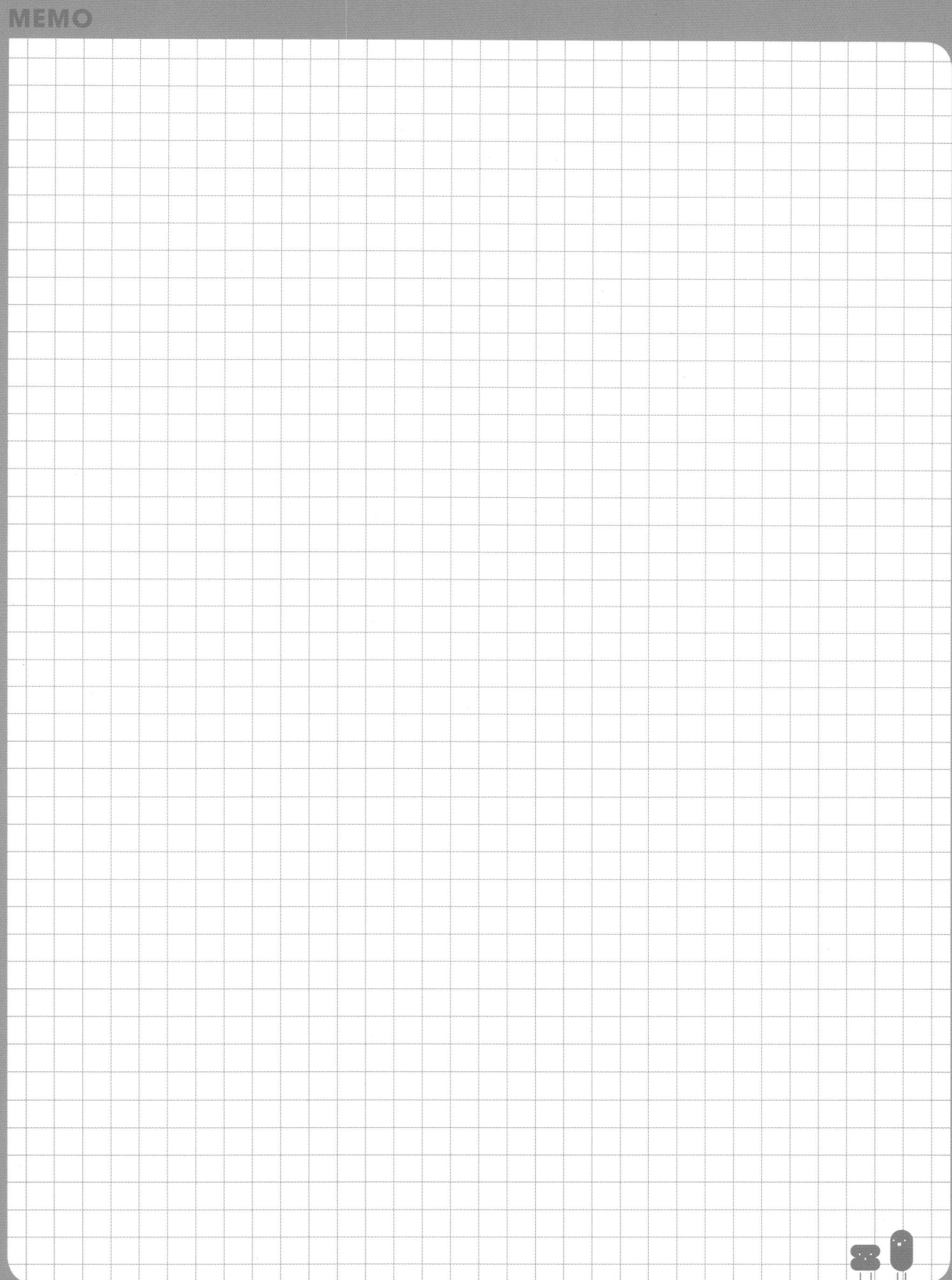

MEMO

사고셈

정답 및 해설
Guide Book

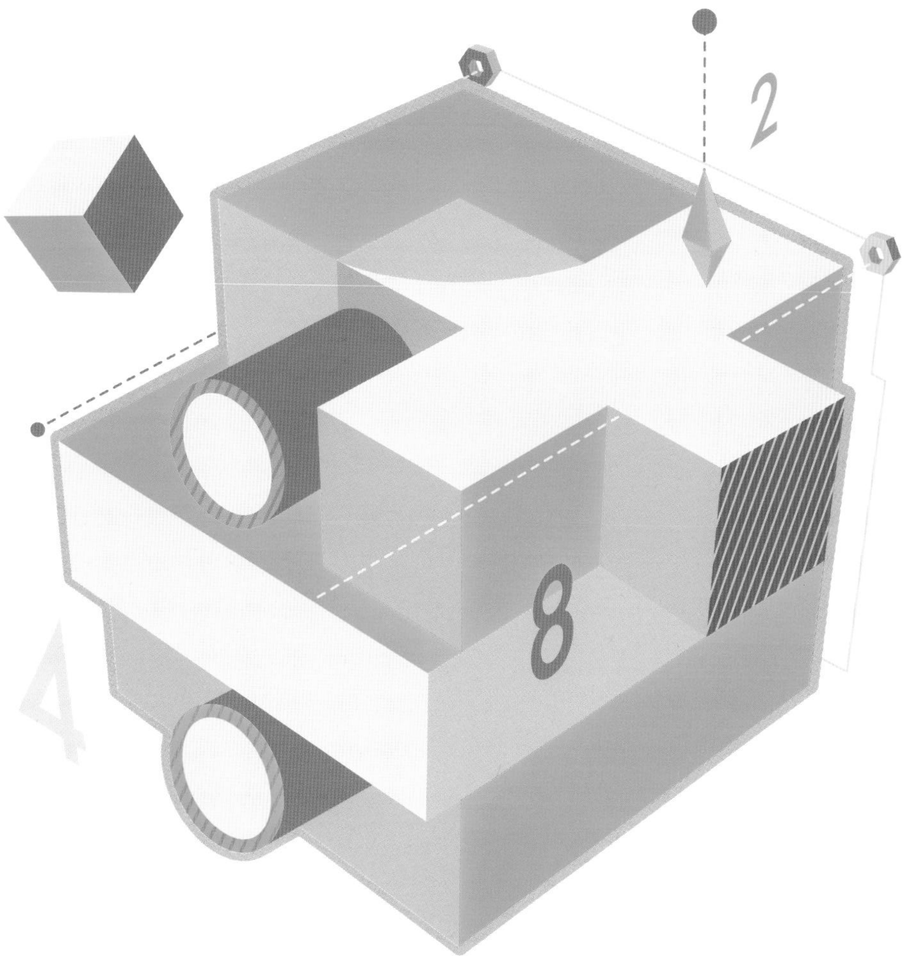

초등1 1호

덧셈구구

NE 능률

257 10 모으기 셈

월 일

◆ 10이 되는 두 수를 먼저 더한 다음, 남은 수를 더하시오.

(예) 4+6+3 → 10+3=13

① 7+2+8 → 7+10=17

② 5+4+5 → 10+4=14

③ 8+2+5 → 10+5=15

④ 3+9+1 → 3+10=13

⑤ 3+8+7 → 8+10=18

⑥ 7+3+2 → 10+2=12

⑦ 9+6+4 → 9+10=19

⑧ 1+6+9 → 10+6=16

⑨ 5+5+1 → 10+1=11

◆ 합이 10이 되는 두 수를 찾아 ○표 한 후, 선으로 잇고 계산을 하시오.

(예) (4)+(6)+3=13 (10)

① (7)+9+(3)=19 (10)

② 7+(9)+(1)=17 (10)

③ (6)+3+(4)=13 (10)

④ (3)+(7)+5=15 (10)

⑤ (5)+1+(5)=11 (10)

⑥ 8+(4)+(6)=18 (10)

⑦ (1)+(9)+4=14 (10)

⑧ 6+(2)+(8)=16 (10)

⑨ (7)+2+(3)=12 (10)

258 가르기 덧셈

◆ 10이 되도록 ○를 그리고, ●를 /로 지워 덧셈을 하시오.

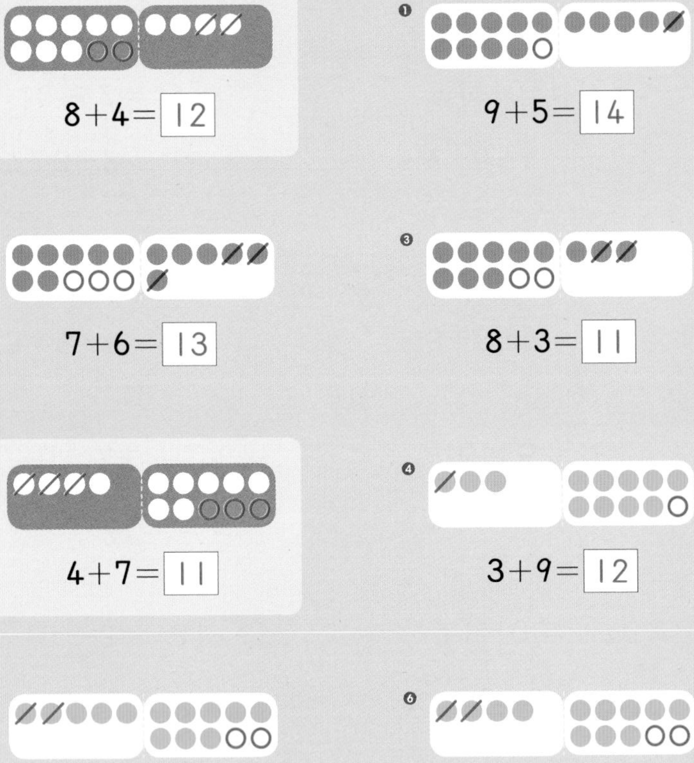

8+4= 12

❶ 9+5= 14

❷ 7+6= 13

❸ 8+3= 11

4+7= 11

❹ 3+9= 12

❺ 5+8= 13

❻ 4+8= 12

두 수를 더할 때 작은 수를 가르기하는 것이 편리합니다.

◆ 10이 되도록 수를 갈라 덧셈을 합니다. 빈칸에 알맞은 수를 써넣으시오.

8+6= 14 (2, 4 / 10)

❶ 9+2= 11 (1, 1 / 10)

❷ 7+5= 12 (3, 2 / 10)

❸ 9+3= 12 (1, 2 / 10)

❹ 8+7= 15 (2, 5 / 10)

❺ 8+5= 13 (2, 3 / 10)

2+9= 11 (1, 1 / 10)

❻ 6+8= 14 (4, 2 / 10)

❼ 4+7= 11 (1, 3 / 10)

❽ 4+9= 13 (3, 1 / 10)

❾ 6+9= 15 (5, 1 / 10)

❿ 7+8= 15 (5, 2 / 10)

259 치수선

◐ 빈칸에 알맞은 수를 써넣으시오.

(예) 8, 5 / 10, [3] / [13]
8이 10이 되도록 5를 가릅니다. 5 → 2, [3]

❶ 9, 6 / 10, [5] / [15]

❷ 6, 7 / [3], 10 / [13]
7이 10이 되도록 6을 가릅니다. 6 → [3], 3

❸ 4, 8 / 2, [10] / [12]

❹ 7, 7 / [4], 10 / [14]

❺ 5, 7 / 2, [10] / [12]

❻ 9, 8 / 10, [7] / [17]

❼ 8, 8 / [6], 10 / [16]

월 일

◑ 빈칸에 알맞은 수를 써넣으시오.

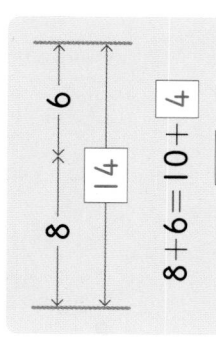

(예) 8, 6 / [14]
8+6=10+[4]
=[14]
8이 10이 되도록 6을 가릅니다. 6 → 2, [4]

❶ 7, 5 / [12]
7+5=10+[2]
=[12]
7이 10이 되도록 5를 가릅니다. 5 → 3, [2]

❷ 4, 8 / [12]
4+8=[2]+10
=[12]

❸ 3, 8 / [11]
3+8=[1]+10
=[11]

❹ 5, 6 / [11]
5+6=[1]+10
=[11]

❺ 9, 9 / [18]
9+9=10+[8]
=[18]

260 갈림길

◐ 계산에 맞게 선을 그으시오.

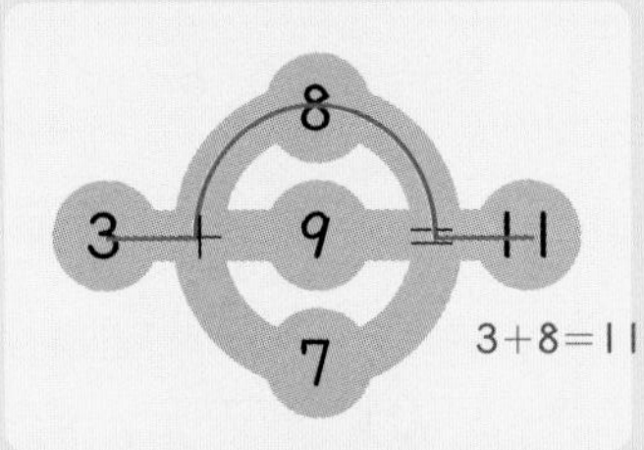

❶
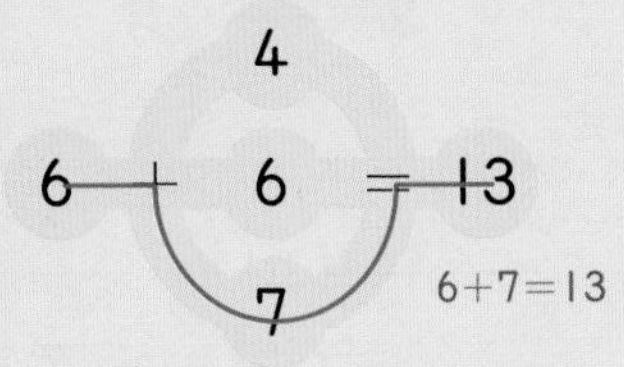

❷
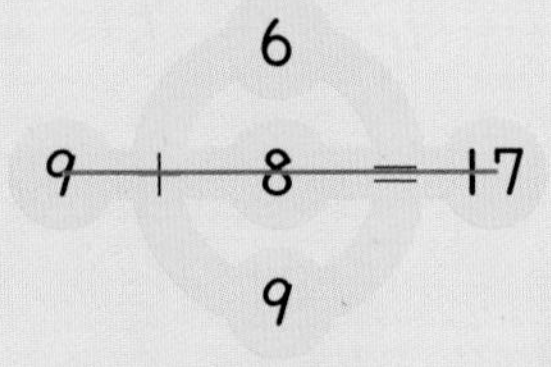

❸
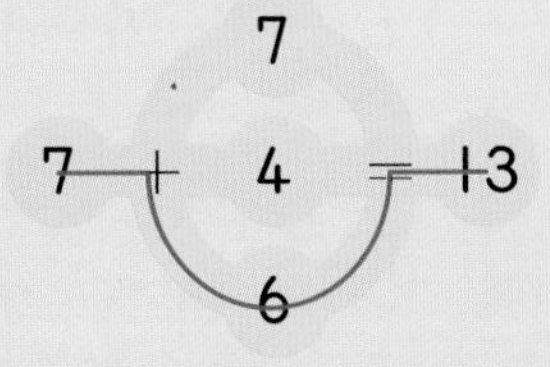

❹
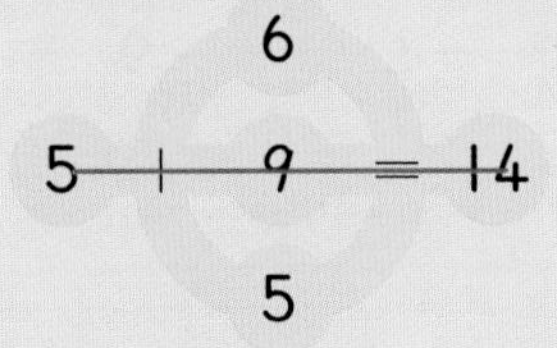

❺
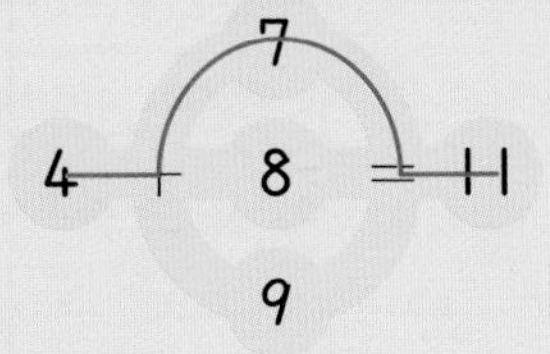

❻
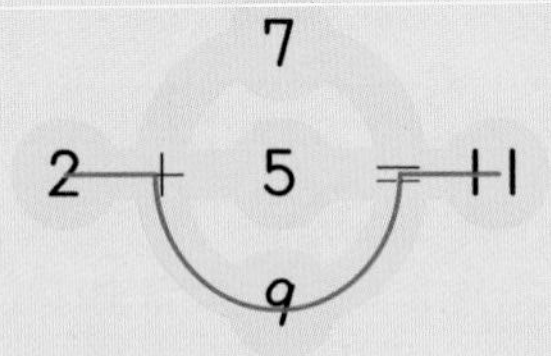

❼
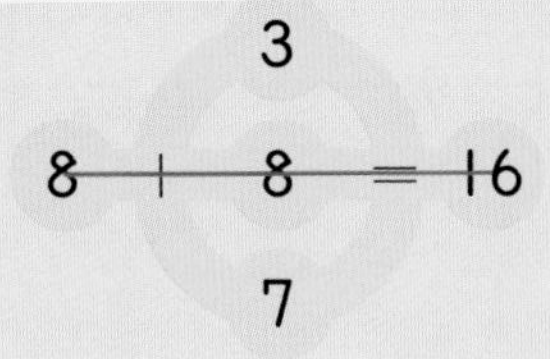

월 일

◐ 계산에 맞게 빈칸에 알맞은 수를 써넣으시오.

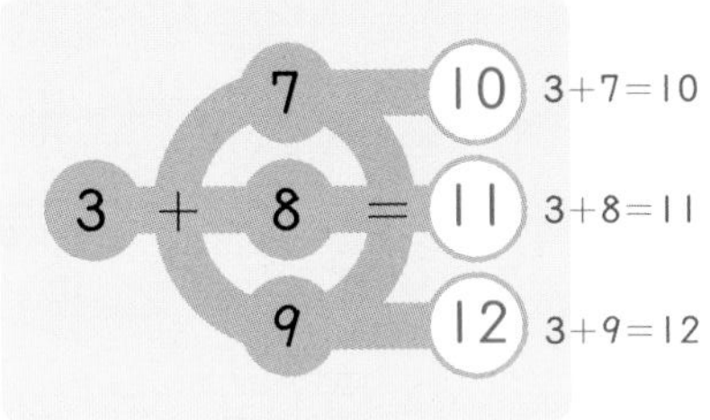

❶
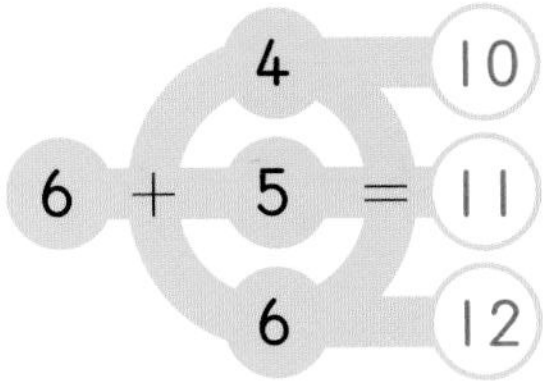

❷
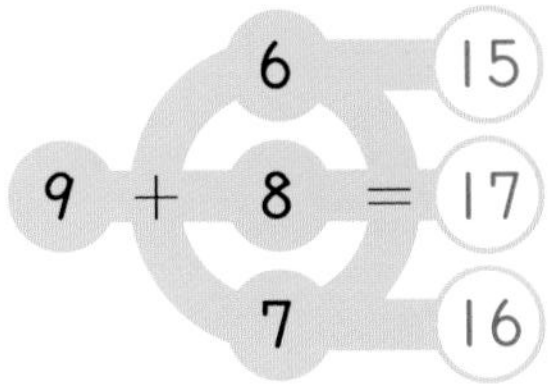

❸
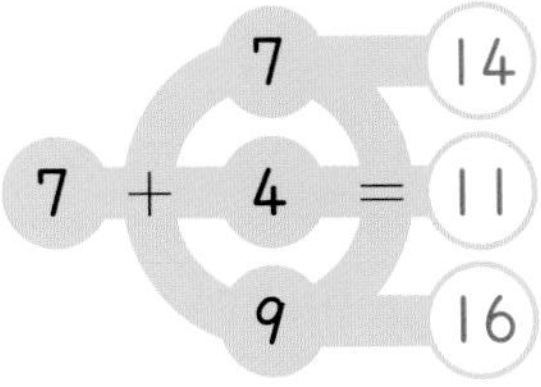

❹
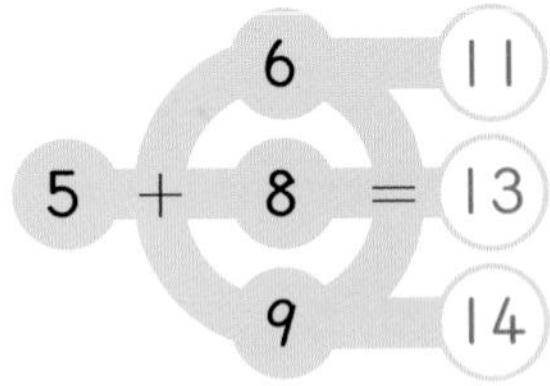

❺
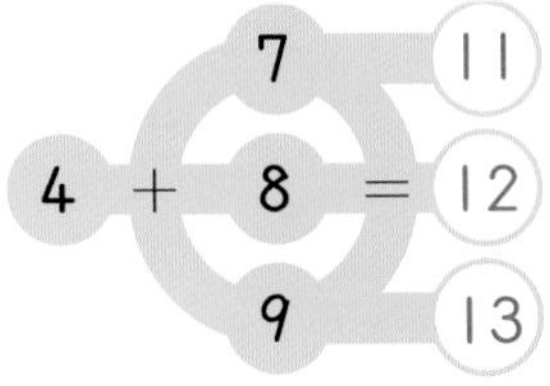

잘 공부했는지 알아봅시다

월 일

1 그림을 보고 □ 안에 알맞은 수를 써넣으시오.

❶

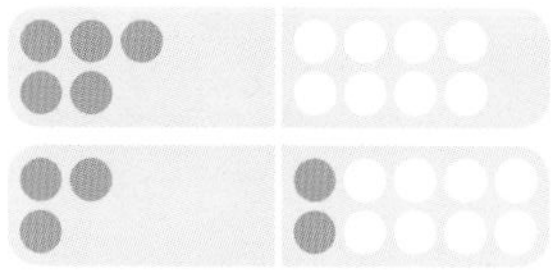

5+8=13

(3, 2)

8과 2를 더하면 10이 되므로 5를 3과 2로 가르기 하여 계산합니다.

❷

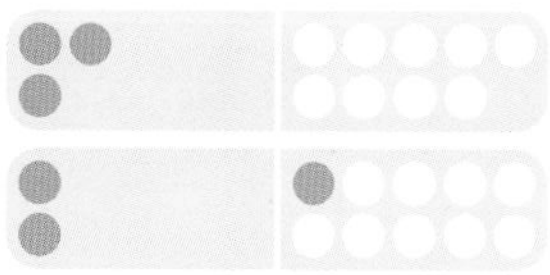

3+9=12

(2, 1)

9와 1을 더하면 10이 되므로 3을 2와 1로 가르기 하여 계산합니다.

2 빈칸에 알맞은 수를 써넣으시오.

❶

7, 5

10, 2

7+5=12

❷

9, 9

8, 10

9+9=18

3 계산에 맞게 빈칸에 알맞은 수를 써넣으시오.

❶

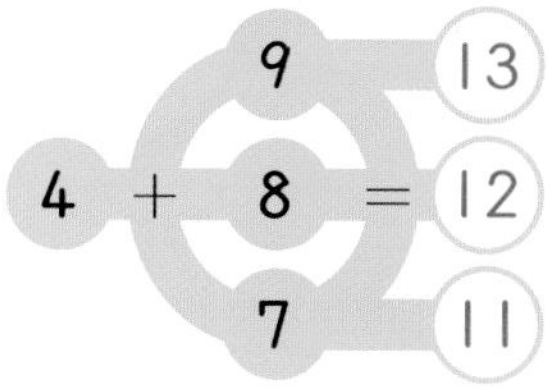

❷

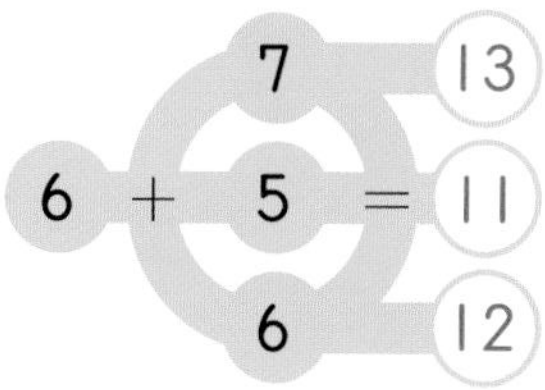

261 자물쇠

월 일

◐ 칠해진 두 수의 합을 빈칸에 써넣으시오.

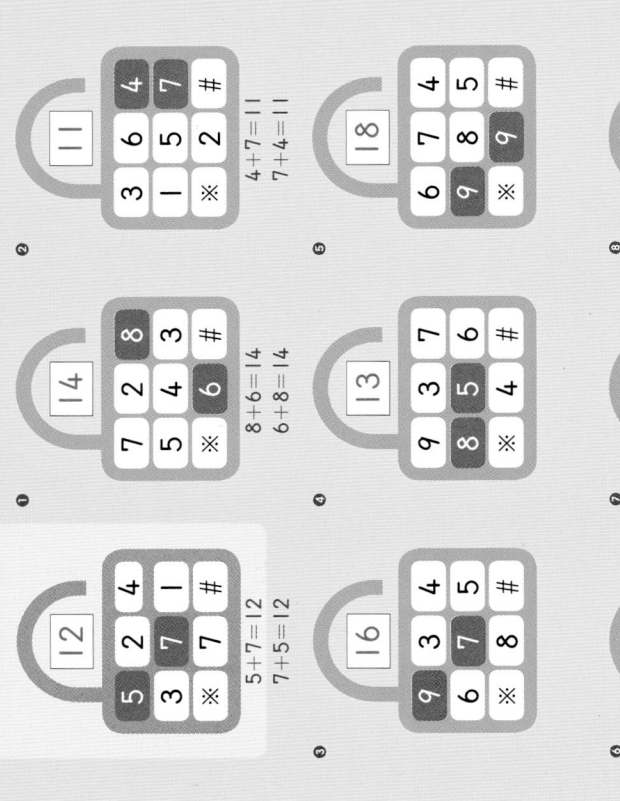

예시: 12

5	2	4
3	**7**	1
※	7	#

5+7=12
7+5=12

❶ 14

7	2	**8**
5	4	3
※	**6**	#

8+6=14
6+8=14

❷ 11

3	6	**4**
1	5	**7**
※	2	#

4+7=11
7+4=11

❸ 16

9	3	4
6	**7**	5
※	8	#

❹ 13

9	3	7
8	**5**	6
※	4	#

❺ 18

6	7	4
9	8	5
※	**9**	#

❻ 15

4	6	3
8	2	**7**
※	5	#

❼ 11

5	**6**	7
9	8	1
※	7	#

❽ 12

6	4	7
3	1	2
※	**6**	#

◑ 고리 안의 수가 합이 되는 두 수를 찾아 색칠하시오.

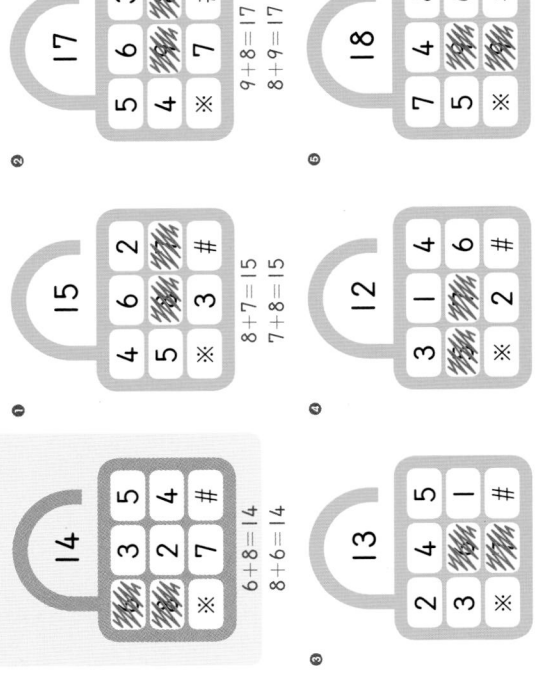

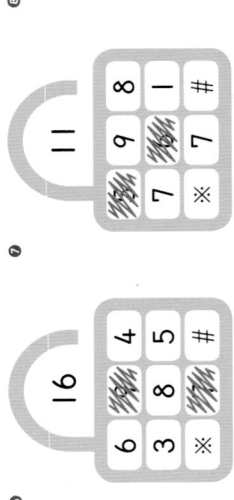

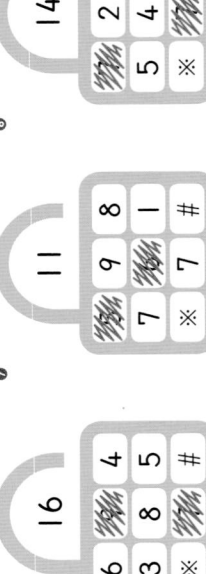

예시: 14

6	3	5
8	2	4
※	7	#

6+8=14
8+6=14

❶ 15

4	6	2
5	**8**	**7**
※	3	#

8+7=15
7+8=15

❷ 17

5	6	3
4	**9**	**8**
※	7	#

9+8=17
8+9=17

❸ 13

2	4	5
3	**6**	1
※	**7**	#

❹ 12

3	1	4
5	**7**	6
※	2	#

❺ 18

7	4	8
5	**9**	6
※	**9**	#

❻ 16

6	**9**	4
3	8	5
※	**7**	#

❼ 11

5	9	8
7	**6**	1
※	7	#

❽ 14

7	2	8
5	4	3
※	**7**	#

도형 연결

◐ 두 수의 합이 ● 안의 수가 되도록 선으로 이으시오.

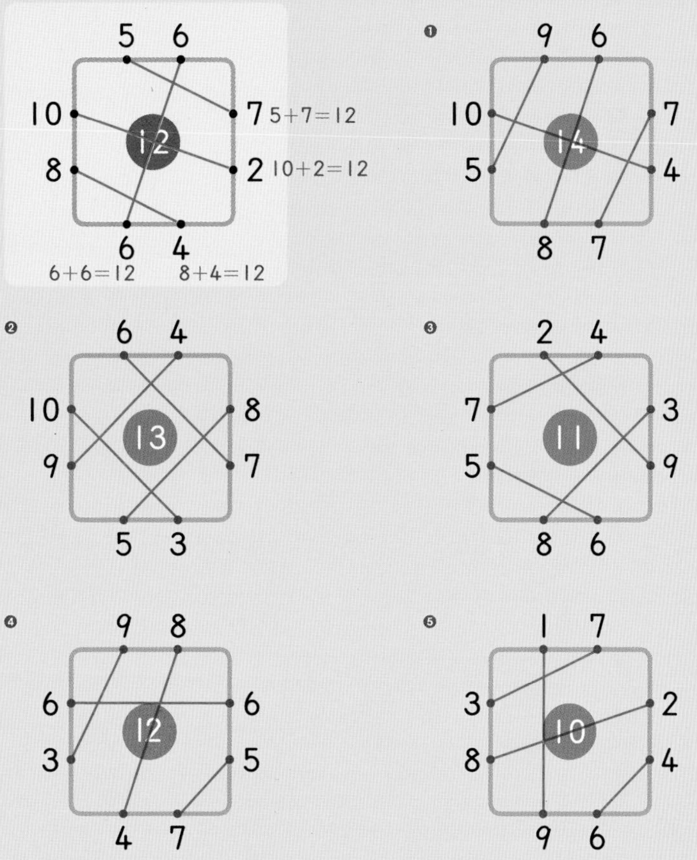

◈ 이어진 두 수의 합이 같도록 선으로 잇고, ○ 안에 두 수의 합을 써넣으시오.

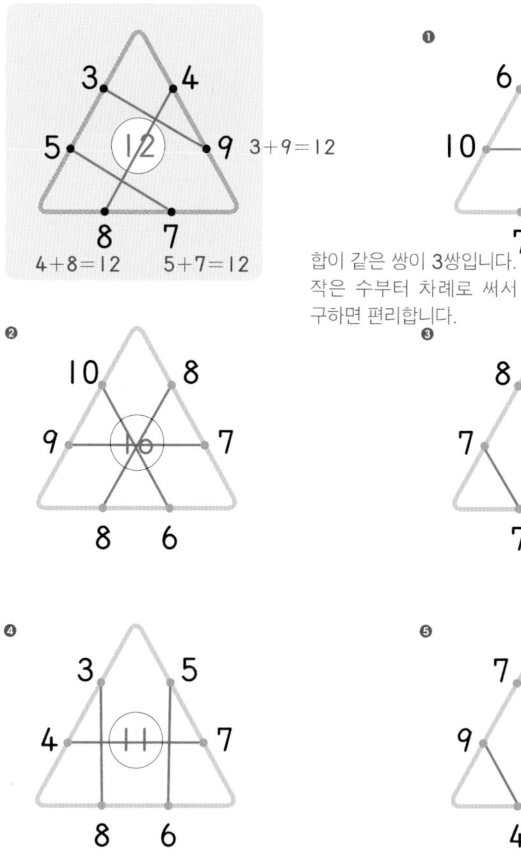

합이 같은 쌍이 3쌍입니다.
작은 수부터 차례로 써서 구하면 편리합니다.

5 6 7 8 9 10 (15, 15, 15)

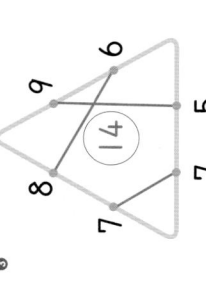

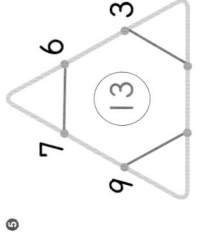

263 카드셈

● 숫자 카드를 한 번씩 모두 사용하여 덧셈식을 만드시오.

9 8 1 7 → $8+9=17$, $9+8=17$

1. 4 5 1 9 → $5+9=14$, $9+5=14$
2. 1 2 1 9 → $2+9=11$, $9+2=11$
3. 1 8 7 5 → $7+8=15$, $8+7=15$
4. 6 7 1 3 → $6+7=13$, $7+6=13$

월 일

● 숫자 카드를 한 번씩 모두 사용하여 덧셈식을 두 개 만드시오.

5 7 8 1 → $7+8=15$, $8+7=15$

1. 7 9 1 8 → $8+9=17$, $9+8=17$
2. 1 9 4 3 → $4+9=13$, $9+4=13$
3. 6 3 7 1 → $6+7=13$, $7+6=13$
4. 2 7 5 1 → $5+7=12$, $7+5=12$
5. 6 4 8 1 → $6+8=14$, $8+6=14$

264 계산기

◐ 칠해진 숫자판을 눌러 덧셈한 것입니다. 계산 결과를 빈칸에 써넣으시오.

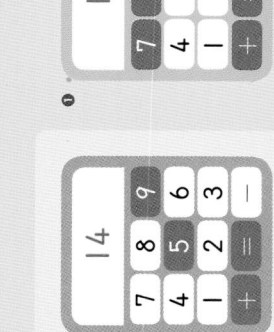

(예) 14
5+9=14
9+5=14

❶ 15
7+8=15
8+7=15

❷ 11
7+4=11
4+7=11

❸ 11

❹ 16

❺ 13

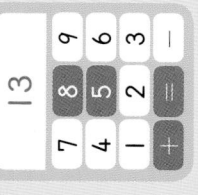

❻ 13

❼ 11

❽ 14

월 일

◑ 계산 결과를 보고 덧셈한 두 수를 빈칸에 쓰시오. 단, 작은 수부터 씁니다.

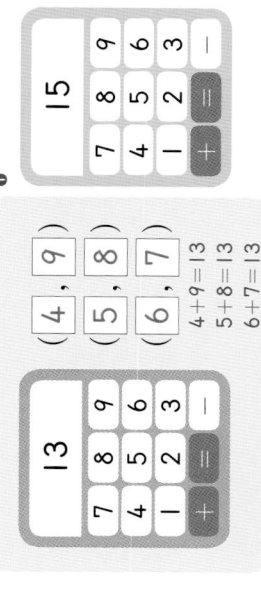

(예) 13
(4, 9)
(5, 8)
(6, 7)
4+9=13
5+8=13
6+7=13

❶ 15
(6, 9)
(7, 8)

❷ 12
(3, 9)
(4, 8)
(5, 7)
(6, 6)

❸ 14
(5, 9)
(6, 8)
(7, 7)

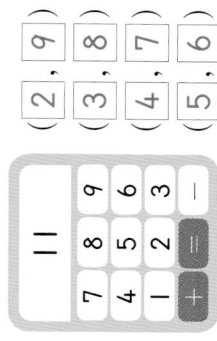

❹ 11
(2, 9)
(3, 8)
(4, 7)
(5, 6)

❺ 16
(7, 9)
(8, 8)

잘 공부했는지 알아봅시다

월 일

1 고리 안의 수가 합이 되는 두 수를 찾아 색칠하시오.

❶
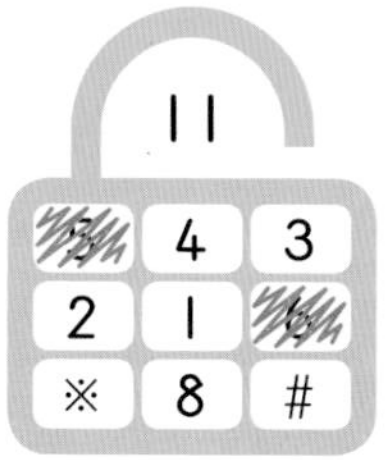

5+6=11
또는 3+8=11

❷

4+9=13
또는 5+8=13

2 이어진 두 수의 합이 같도록 선으로 잇고, 두 수의 합을 ○ 안에 써넣으시오.

❶
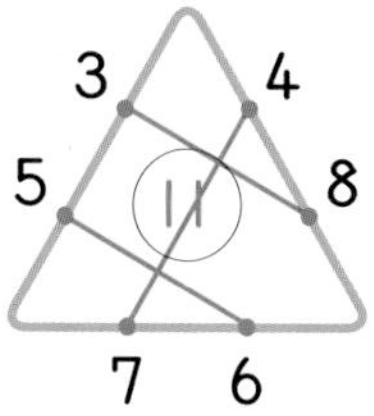

❷
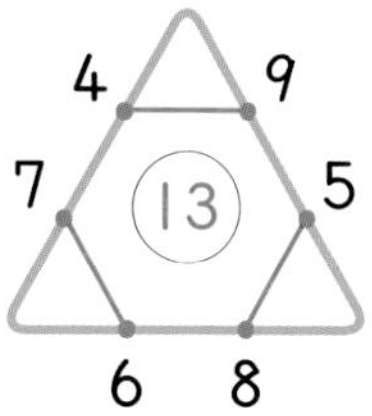

3 숫자 카드를 한 번씩 모두 사용하여 덧셈식을 두 개 만드시오.

3 7 1 6 → 6+7=13

7+6=13

265 수직선

● 빈칸에 알맞은 수를 써넣으시오.

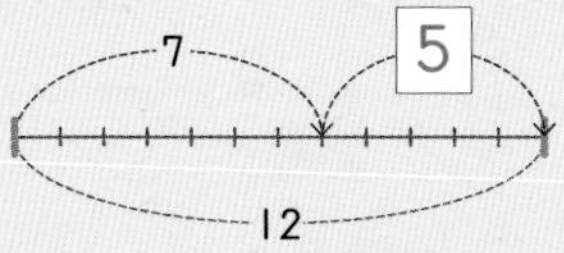

7칸을 간 후 다시 [5]칸을 가면 12가 됩니다.

❶
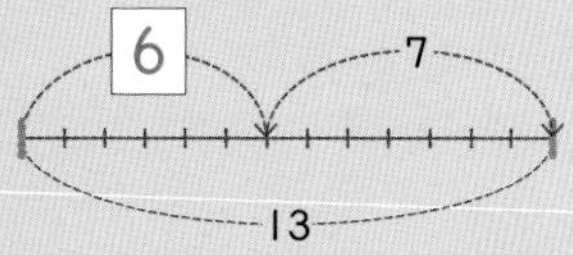

[6]칸을 간 후 다시 7칸을 가면 13이 됩니다.

❷
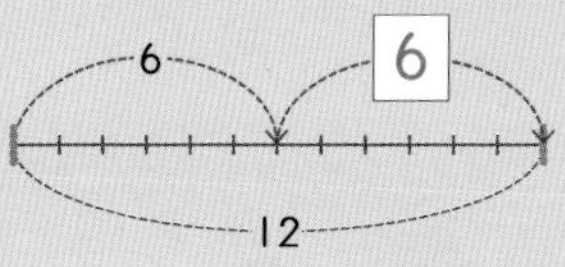

❸
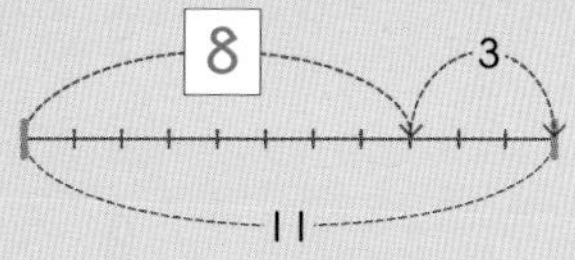

❹
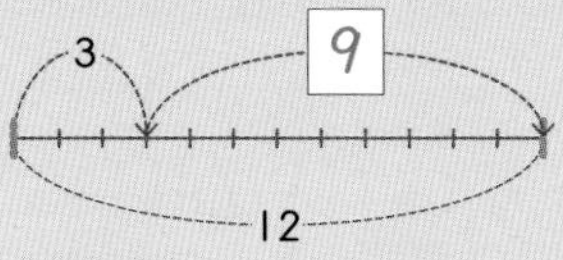

❺
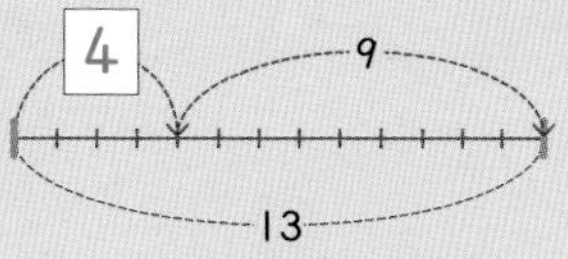

❻
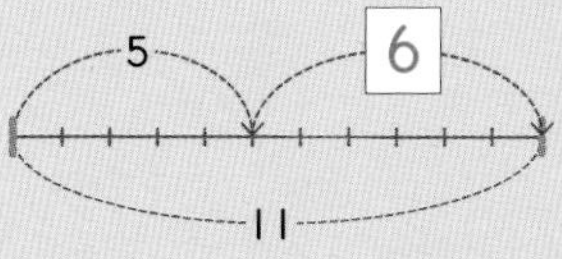

❼
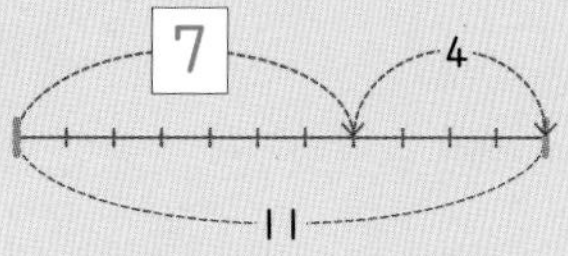

● 빈칸에 알맞은 수를 써넣으시오.

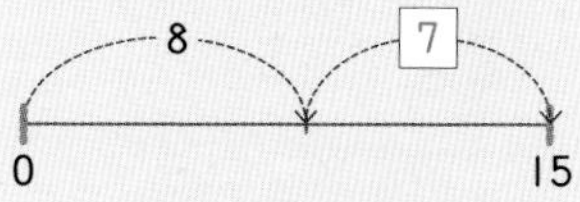

8+[7]=15

8에 어떤 수를 더하면 15가 될지 예상해 봅니다.
8+5=13 8+6=14 8+[7]=15

❶
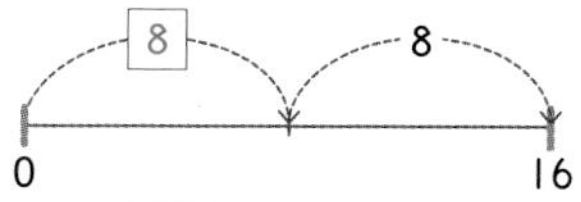

[8]+8=16

어떤 수에 8을 더하면 16이 될지 예상해 봅니다.
5+8=13 6+8=14
7+8=15 [8]+8=16

❷
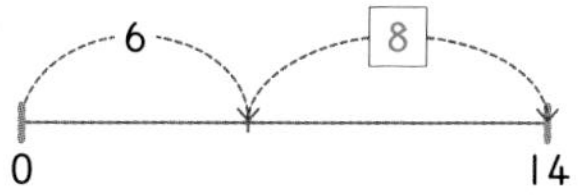

6+[8]=14

❸
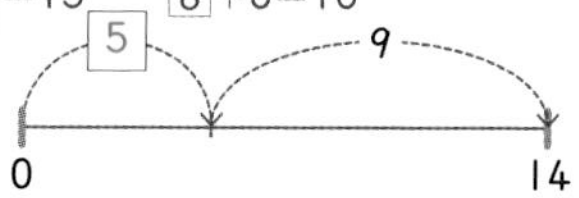

[5]+9=14

❹
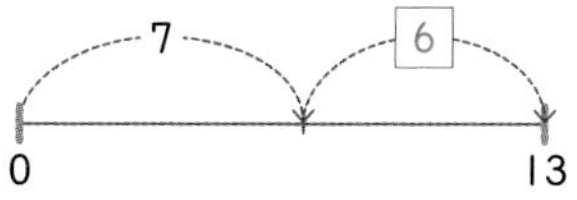

7+[6]=13

❺
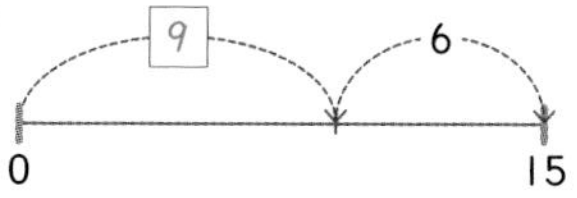

[9]+6=15

❻
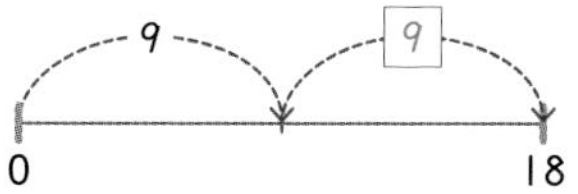

9+[9]=18

❼
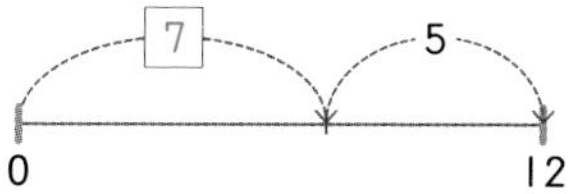

[7]+5=12

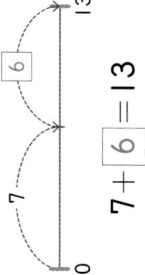

266 비행기

월 일

◆ 알맞은 수에 ○표 하시오.

(예시) 6 + 8 = 13 / 9, 8, ⑦ — 6+7=13

❶ ⑧, 6, 4 + 8 = 16 — 8+8=16

❷ 9 + 9 = 16 / 2, 9, ⑦

❸ ⑨, 7, 8 + 3 = 12

❹ 7 + 9 = 11 / ④, 9, 8

❺ 5, ⑥, 4 + 6 = 12

❻ 4 + 6 = 13 / 8, 6, ⑨

❼ 8, 7, ⑥ + 9 = 15

◆ 빈칸에 알맞은 수를 써넣으시오.

(예시) 8 + 5, 8, 4 = 13, 16, 12 — 8+5=13, 8+8=16, 8+4=12

❶ 6, 3, 8 + 6, 9, 4 = 12

❷ 6 + 8, 9, 6 = 14, 15, 12

❸ 4, 2, 3 + 7, 9, 8 = 11

❹ 7 + 6, 9, 8 = 13, 16, 15

❺ 9, 5, 6 + 4, 8, 7 = 13

❻ 5 + 7, 6, 8 = 12, 11, 13

❼ 9, 6, 7 + 5, 8, 7 = 14

267 **하우스**

월 일

◐ 덧셈을 하여 빈칸에 알맞은 수를 써넣으시오.

(예시)

+ 7	
4	11
6	13
8	15

4+7=11
6+7=13
8+7=15

❶

+ 5	
9	14
6	11
7	12

❷

+ 6	
4	10
7	13
9	15

❸

+ 3	
8	11
7	10
9	12

❹

+ 8	
2	10
5	13
9	17

❺

+ 9	
3	12
9	18
5	14

❻

+ 4	
9	13
7	11
8	12

❼

+ 8	
8	16
4	12
7	15

❽

+ 7	
9	16
7	14
5	12

◐ 빈칸에 알맞은 수를 써넣으시오.

(예시)

+ 8	
6	14
7	15
4	12

7+○=15에서
○ 안의 수 8을 구합니다.

❶

+ 7	
7	14
3	10
8	15

7+○=14에서
○ 안의 수 7을 구합니다.

❷

+ 5	
6	11
8	13
5	10

8+○=13에서
○ 안의 수 5를 구합니다.

❸

+ 6	
9	15
6	12
5	11

❹

+ 9	
4	13
2	11
6	15

❺

+ 4	
6	10
9	13
8	12

❻

+ 8	
8	16
5	13
9	17

❼

+ 3	
9	12
8	11
7	10

❽

+ 9	
9	18
7	16
5	14

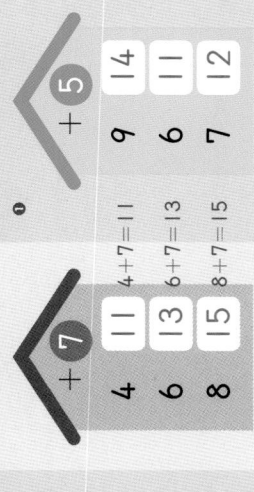

268 다리 잇기

◑ 이어진 두 수의 합이 오른쪽 수가 되도록 빈칸에 알맞은 수를 써넣으시오.

7+⑥=13

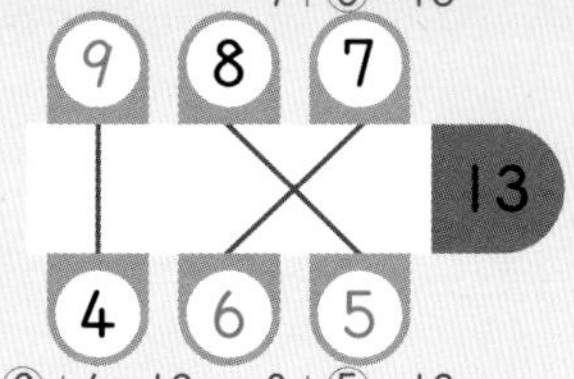

⑨+4=13 8+⑤=13

❶ ⑨+6=15

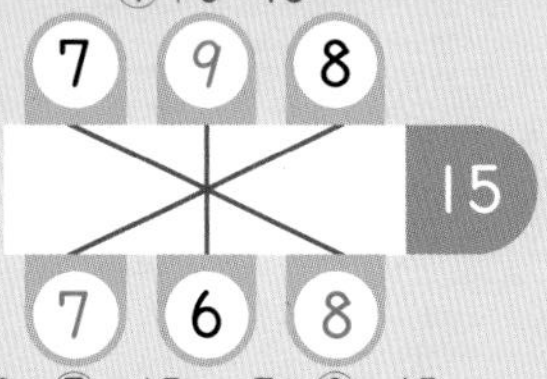

8+⑦=15 7+⑧=15

❷
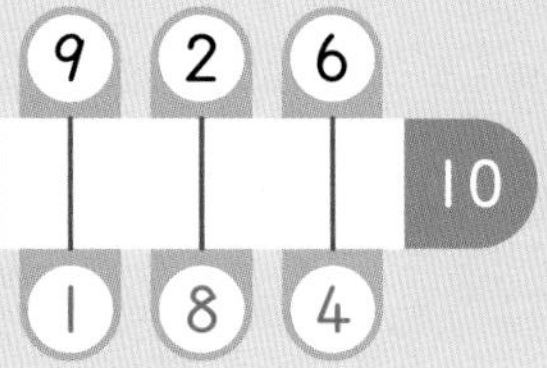

❸
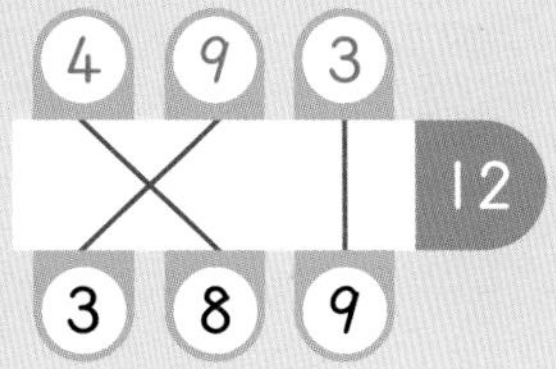

❹
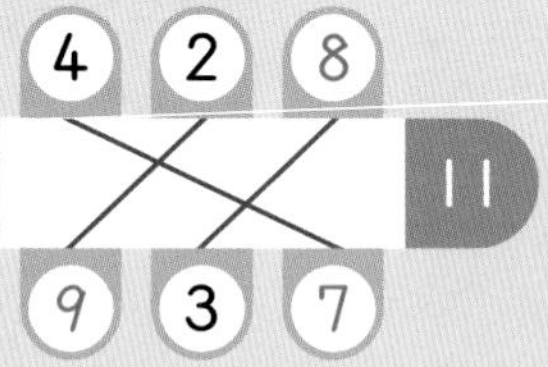

❺
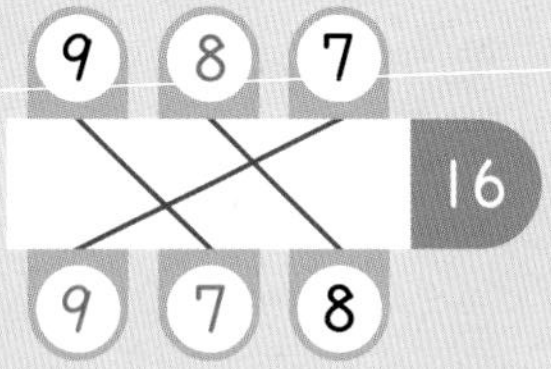

월 일

◑ 이어진 두 수의 합이 같도록 선을 긋고 빈칸에 합을 써넣으시오.

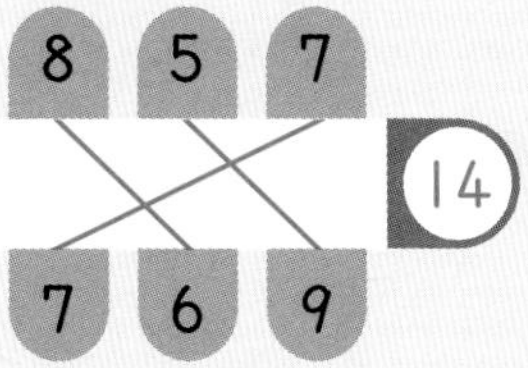

위의 세 수 중 가장 큰 수인 8과 아래의 세 수 중 가장 작은 수인 6을 연결합니다. 8과 6의 합 14를 빈칸에 써넣습니다.

❶
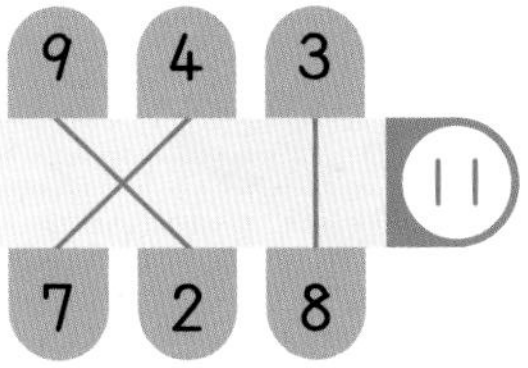

위의 세 수 중 가장 큰 수인 9와 아래의 세 수 중 가장 작은 수인 2를 연결합니다. 9와 2의 합 11을 빈칸에 써넣습니다.

❷
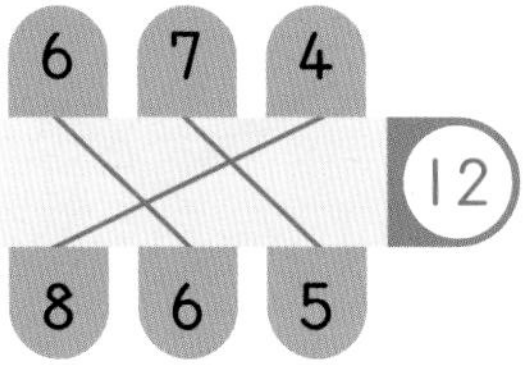

❸
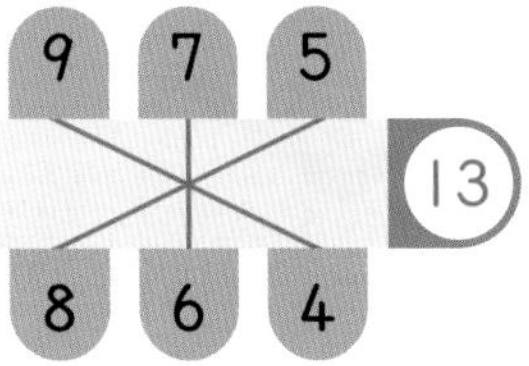

❹
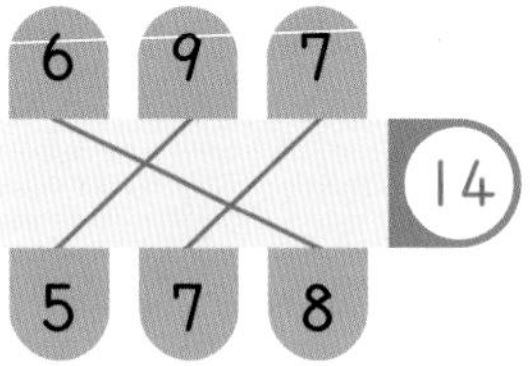

❺
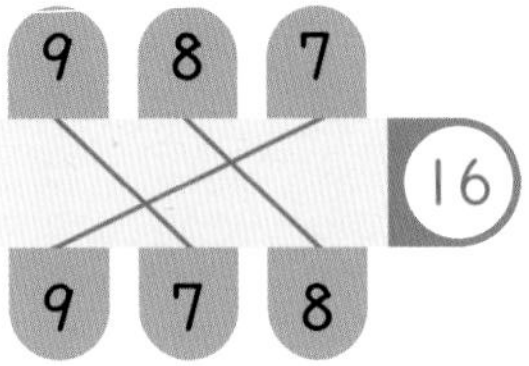

잘 공부했는지 알아봅시다

월 일

1 빈칸에 알맞은 수를 써넣으시오.

❶

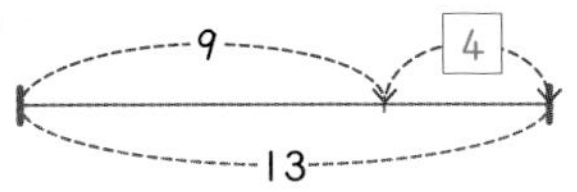

$9+\boxed{4}=13$

❷

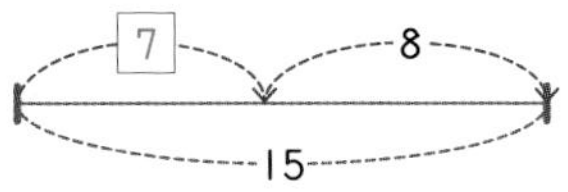

$\boxed{7}+8=15$

2 빈칸에 알맞은 수를 써넣으시오.

❶

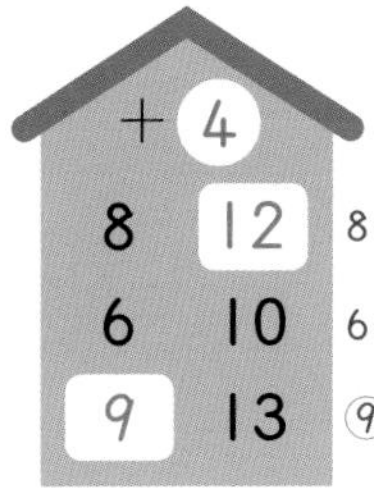

8+4=⑫
6+④=10
⑨+4=13

❷

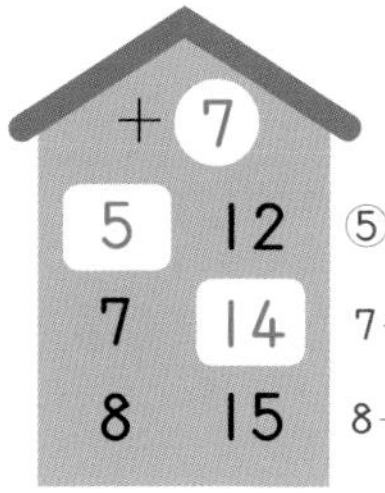

⑤+7=12
7+7=⑭
8+⑦=15

3 이어진 두 수의 합이 오른쪽 수가 되도록 빈칸에 알맞은 수를 써넣으시오.

❶

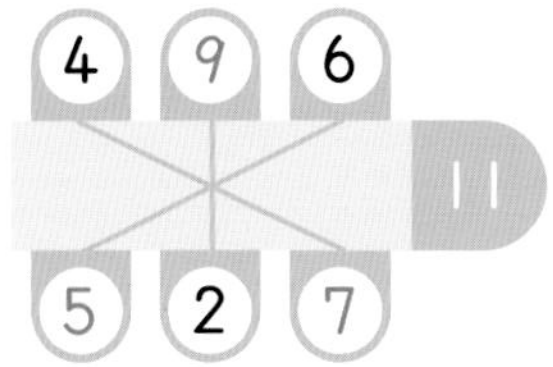

4+⑦=11
⑨+2=11
6+⑤=11

❷

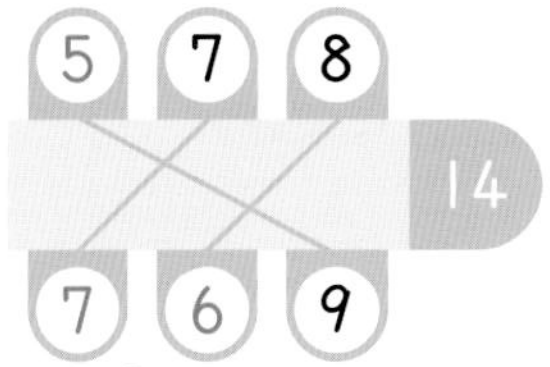

⑤+9=14
7+⑦=14
8+⑥=14

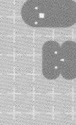

269 자동차 길

월 일

◐ 길을 따라 계산하여 빈칸에 알맞은 수를 써넣으시오.

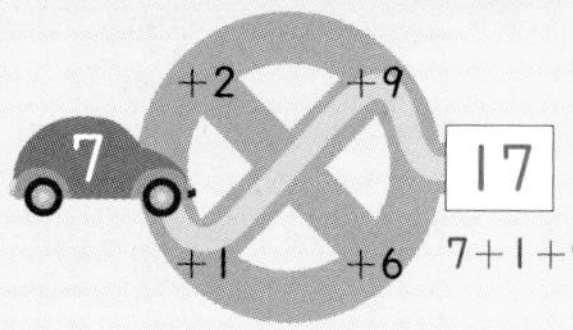

7+1+9=17

❶

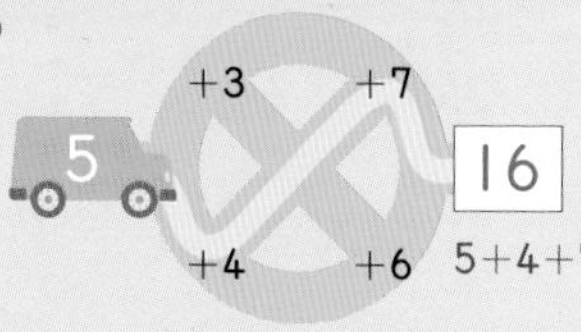

5+4+7=16

❷

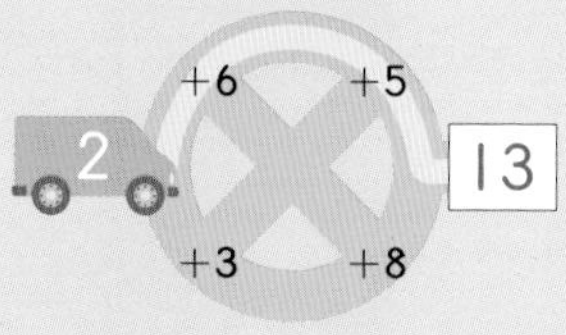

❸

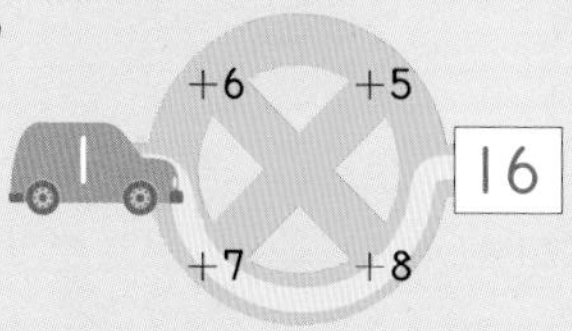

❹

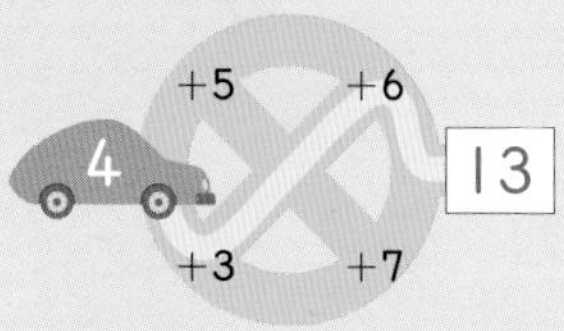

❺

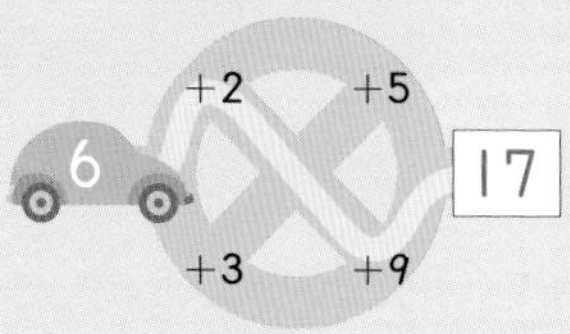

❻

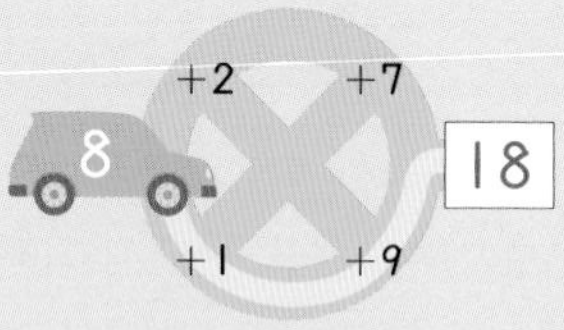

❼

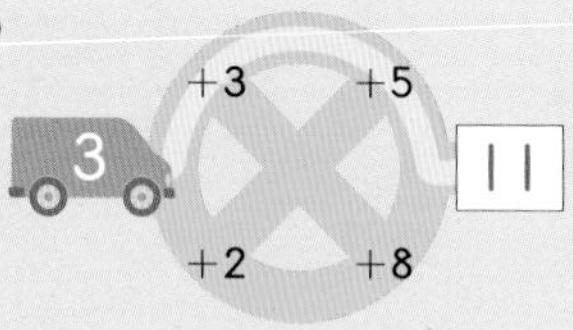

◐ 계산 결과에 맞게 자동차 길을 그으시오.

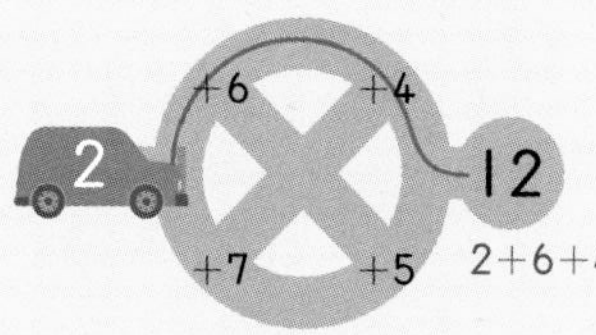

2+6+4=12

❶

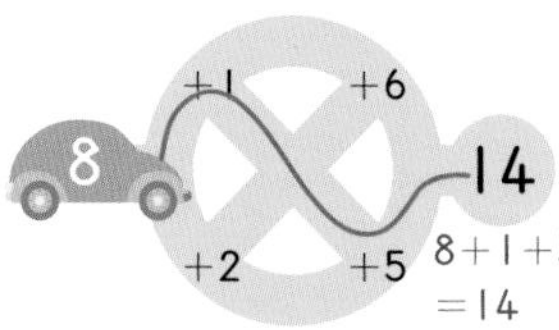

8+1+5
=14

❷

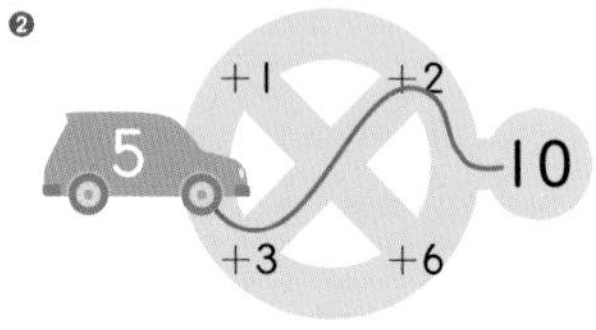

❸

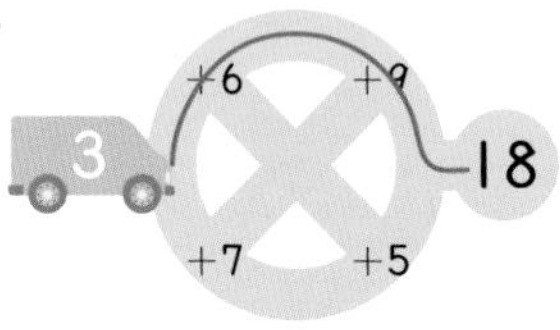

❹

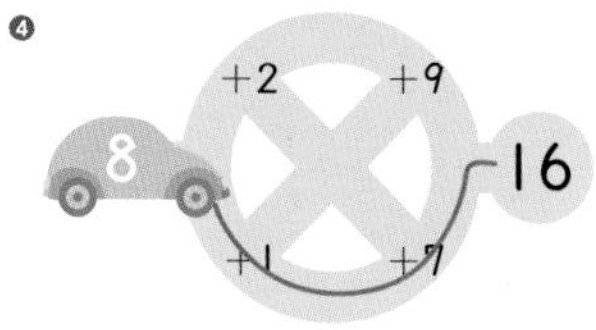

❺

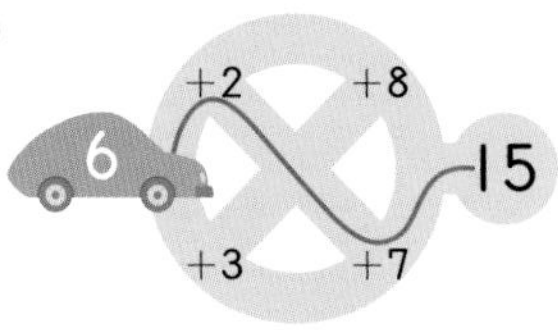

❻

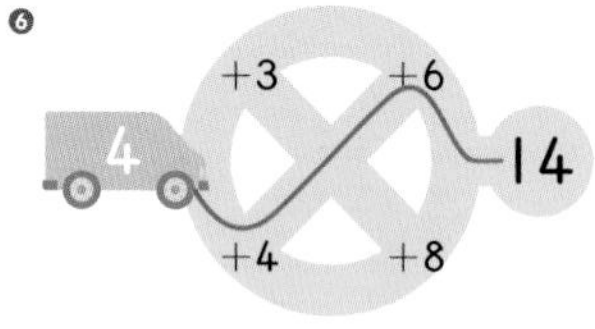

❼

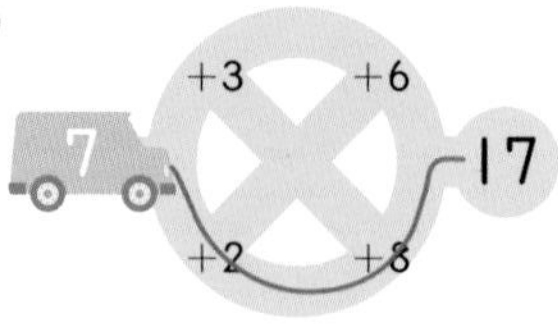

270 방 통과

◐ 방을 통과하면서 만난 수를 모두 더하여 빈칸에 알맞게 써넣으시오.

8+1+6=15

❶

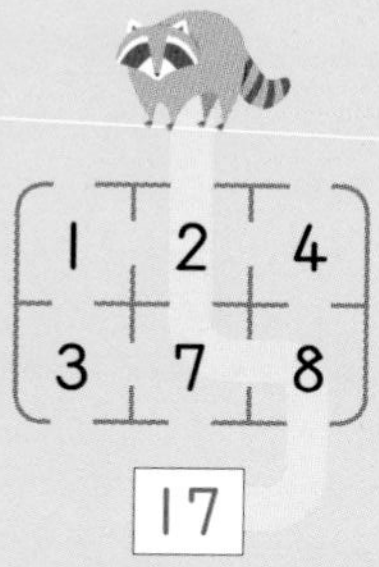

2+7+8=17

❷

1+4+7=12

❸

❹

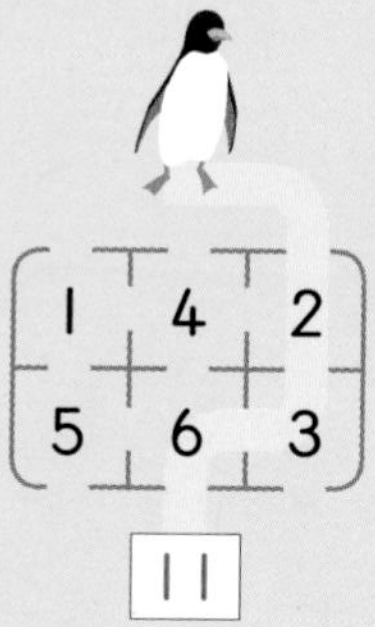

❺

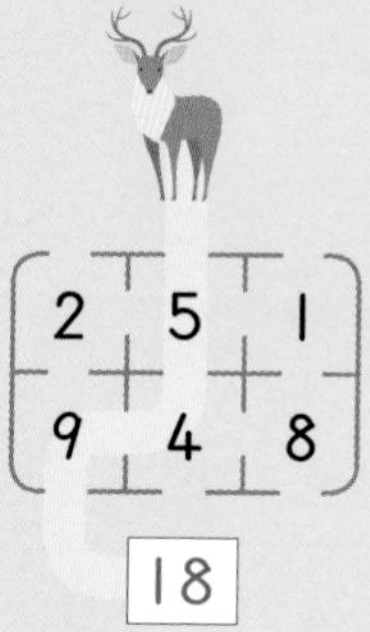

◐ 세 방을 통과하면서 만난 수들의 합이 ▬ 안의 수가 되도록 선을 그으시오.

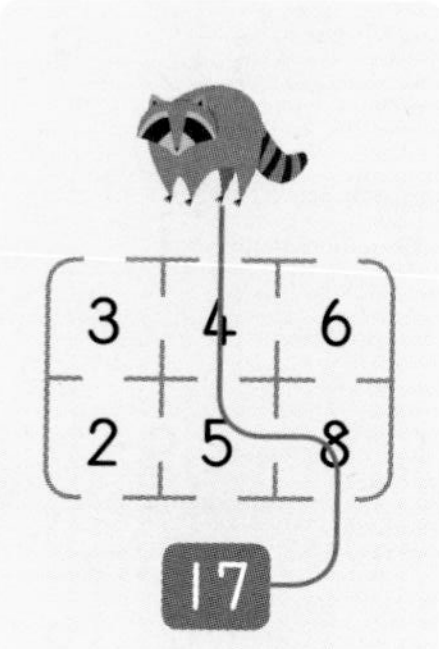

4+5+8=17

❶

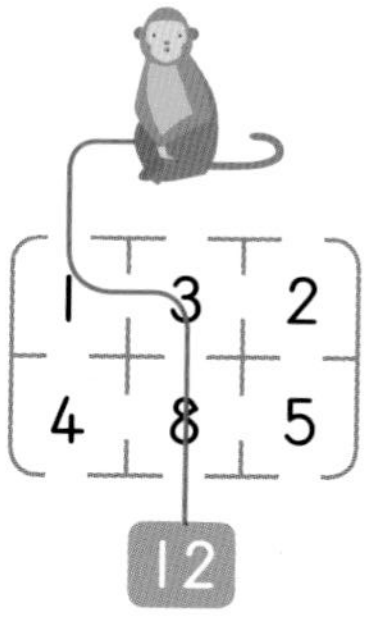

1+3+8=12

❷

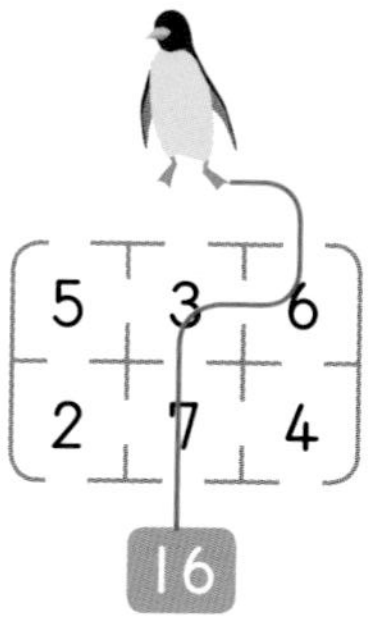

6+3+7=16

❸

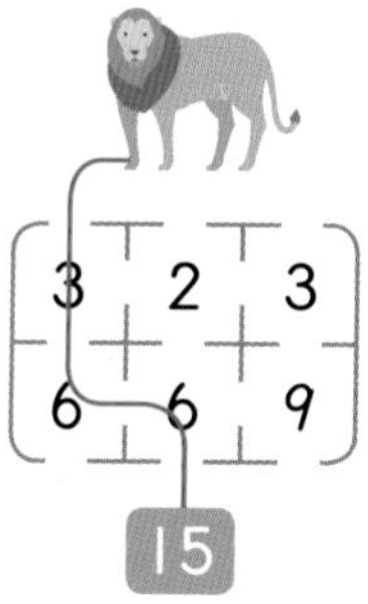

❹

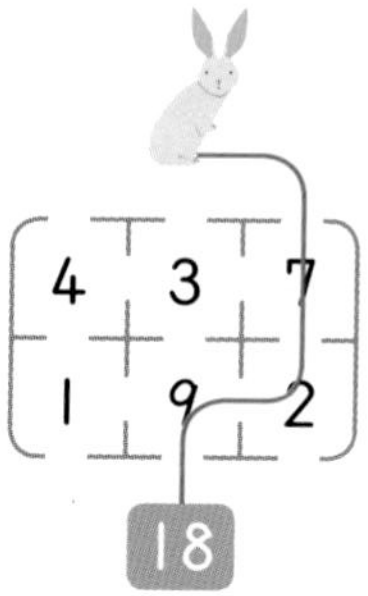

❺

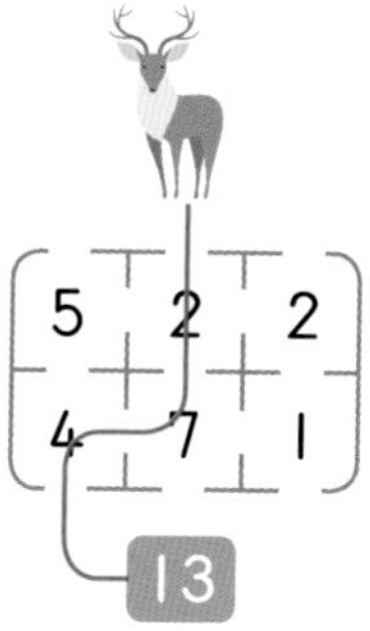

271 원 삼각형

◐ 연결된 세 수의 합을 구하시오.

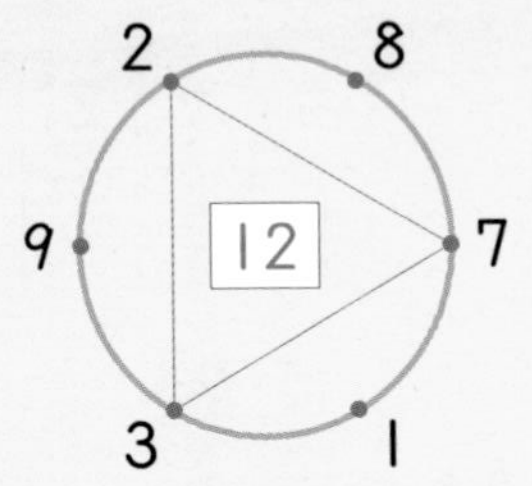

2+3+7=12

❶

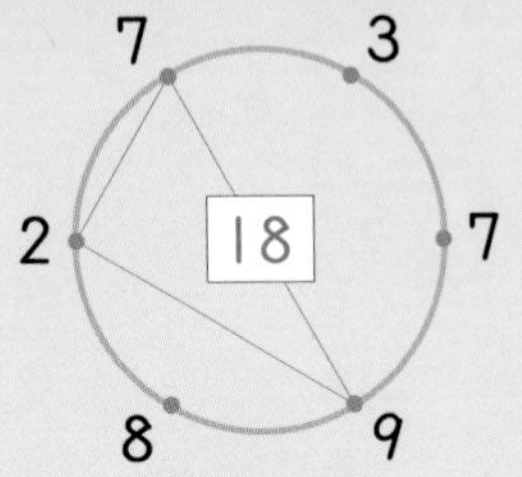

2+7+9=18

❷

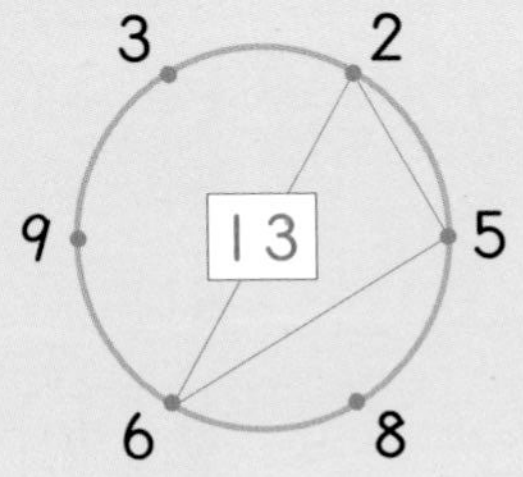

❸

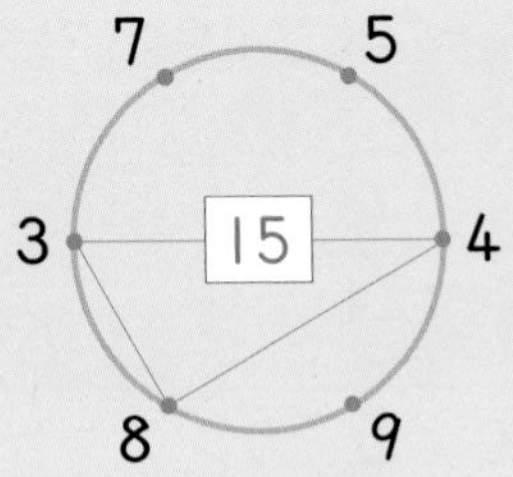

❹

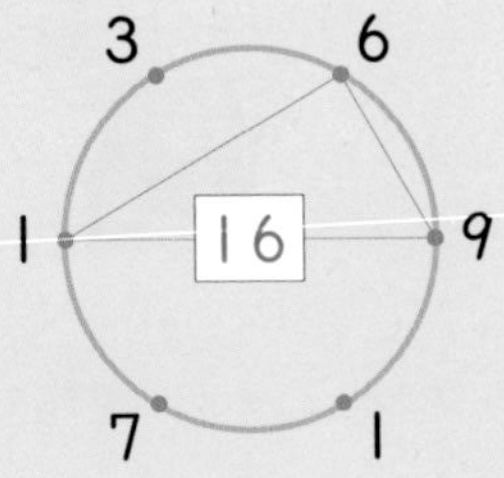

❺

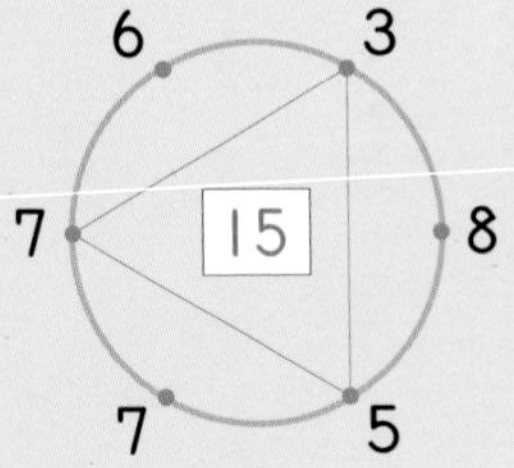

월 일

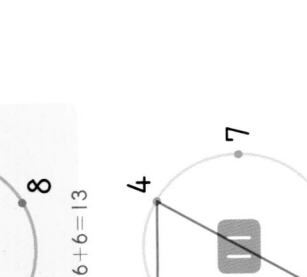

◑ 연결된 세 수의 합이 ▬ 안의 수가 되도록 선을 그으시오.

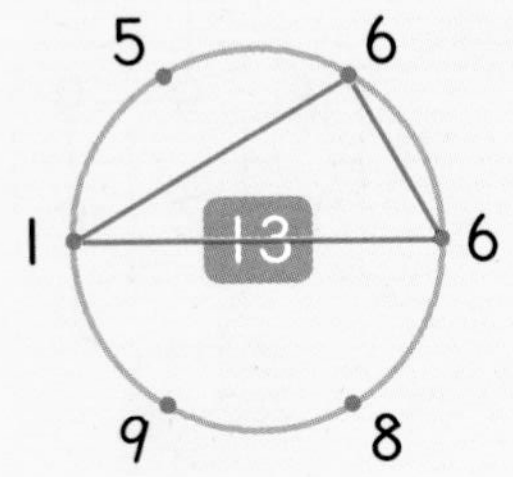

1+6+6=13

❶

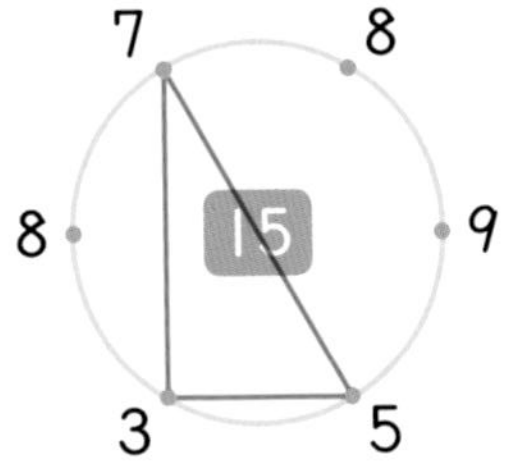

7+3+5=15

❷

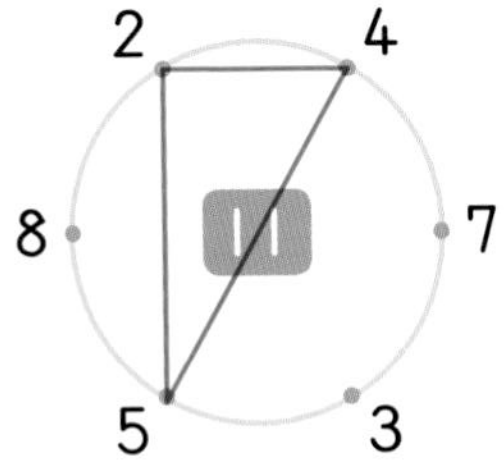

❸

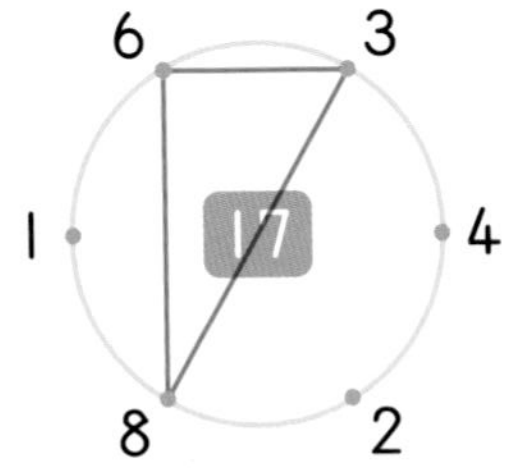

❹

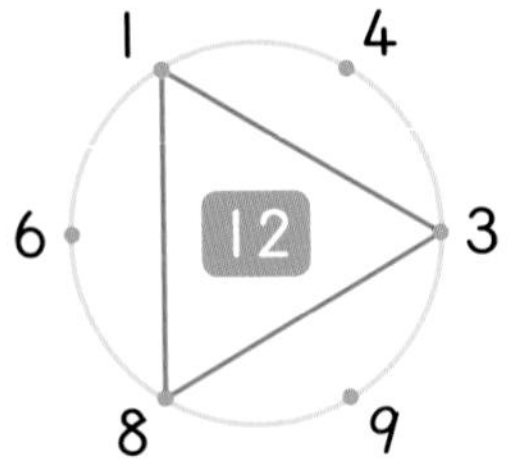

❺

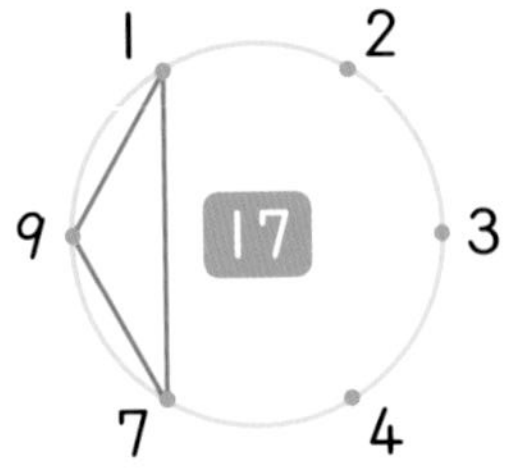

272 수 묶기

◐ 이웃한 세 수의 합이 ● 안의 수가 되도록 ◯로 묶으시오.

(예) 11 : 3 2 (4 2 5)
4+2+5=11

❶ 14 : 4 (7 2 5) 8
7+2+5=14

❷ 13 : 4 (3 4 6) 4
3+4+6=13

❸ 15 : (1 6 8) 3 6
1+6+8=15

❹ 18 : (6 3 9) 1 4

❺ 11 : 5 3 (2 1 8)

❻ 17 : (5 3 9) 3 6

❼ 13 : 9 (1 4 8) 2

❽ 12 : 4 2 (3 2 7)

❾ 14 : 6 5 (2 6 6)

❿ 17 : 3 (5 4 8) 6

⓫ 19 : (6 4 9) 3 4

◑ 이웃한 세 수의 합이 ▲ 안의 수가 되도록 ◯로 묶으시오.

(예) 12

4	6	6	3
8	1	2	5
2	5	1	4
4	4	4	3

6+1+5=12
3+5+4=12
4+4+4=12

❶ 11

5	2	3	2
1	7	7	2
5	4	1	8
4	6	2	3

5+1+5=11
3+7+1=11
6+2+3=11

❷ 13

4	2	5	1
2	7	5	9
5	3	3	6
6	8	4	1

❸ 15

4	1	9	3
6	8	7	4
5	6	1	9
5	5	6	2

❹ 14

3	4	4	6
2	3	5	7
7	4	2	8
9	1	6	7

❺ 16

3	4	4	1
8	1	5	9
9	2	7	6
6	7	3	5

잘 공부했는지 알아봅시다

월 일

1 연결된 세 수의 합을 구하시오.

❶ 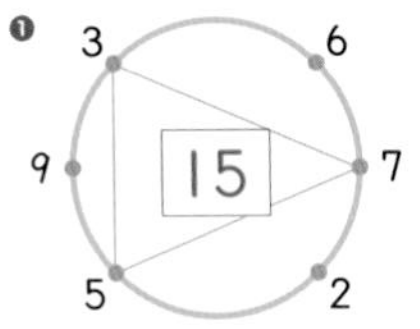

❷ 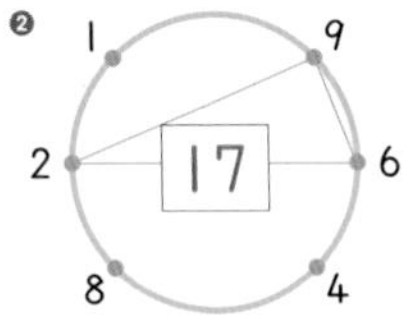

2 이웃한 세 수의 합이 ( ) 안의 수가 되도록 ◯로 묶으시오.

❶ 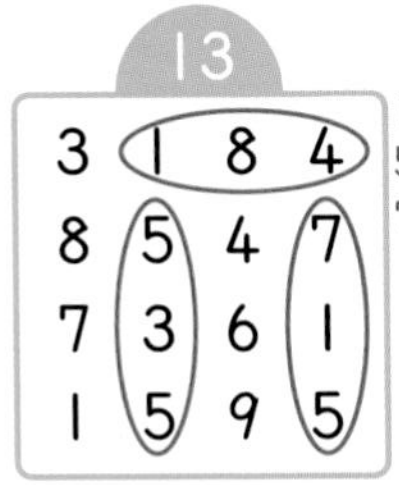

3	1	8	4
8	5	4	7
7	3	6	1
1	5	9	5

1+8+4=13
5+3+5=13
7+1+5=13

❷ 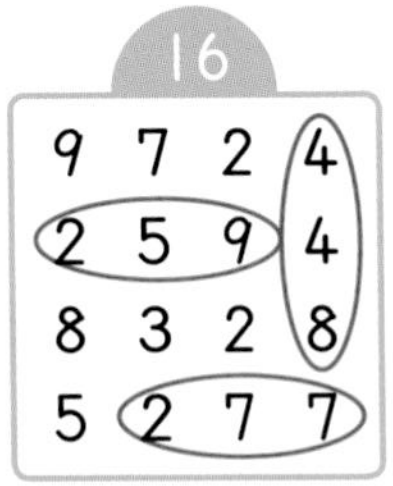

9	7	2	4
2	5	9	4
8	3	2	8
5	2	7	7

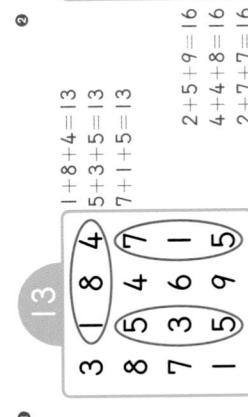

2+5+9=16
4+4+8=16
2+7+7=16

3 세 개의 방을 통과하면서 만난 수들의 합이 ▬ 안의 수가 되도록 선을 그으시오.

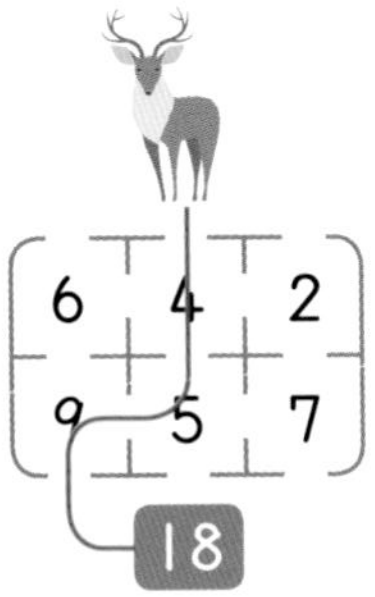

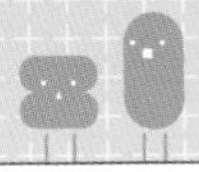

273 한 식 문장제

◐ □ 안에 알맞은 수를 써넣으시오.

배구공이 9개, 농구공이 9개 있습니다. 공은 모두 몇 개 있습니까?

식 : 9 + 9 = 18 (개)

❶ 민주는 칭찬 스티커를 6개 가지고 있습니다. 소희는 민주보다 5개 더 가지고 있습니다. 소희가 가지고 있는 칭찬 스티커는 몇 개입니까?

식 : 6 + 5 = 11 (개)

❷ 종이학을 태희는 5개, 민수는 7개 접었습니다. 두 사람이 접은 종이학은 모두 몇 개입니까?

식 : 5 + 7 = 12 (개)

❸ 민지는 어제 동화책을 7쪽까지 읽었고, 오늘은 8쪽을 읽었습니다. 민지는 어제와 오늘 모두 몇 쪽을 읽었습니까?

식 : 7 + 8 = 15 (쪽)

❹ 슬기는 9살입니다. 4년 후에는 몇 살이 됩니까?

식 : 9 + 4 = 13 (살)

월 일

◐ 식과 답을 쓰시오.

오렌지가 4개, 사과가 8개 있습니다. 과일은 모두 몇 개 있습니까?

식 : 4+8=12 답 : 12 개

❶ 민우는 어제 윗몸일으키기를 6번 하였습니다. 오늘은 어제보다 8번 더 하였습니다. 민우는 오늘 윗몸일으키기를 몇 번 하였습니까?

식 : 6+8=14 답 : 14 번

❷ 과일 가게에서 자두를 7개, 복숭아를 4개 팔았습니다. 과일을 모두 몇 개 팔았습니까?

식 : 7+4=11 답 : 11 개

❸ 9보다 5 큰 수는 얼마입니까?

식 : 9+5=14 답 : 14

❹ 재호는 공깃돌을 3개 가지고 있습니다. 슬기는 재호보다 9개 더 가지고 있습니다. 슬기가 가지고 있는 공깃돌은 모두 몇 개입니까?

식 : 3+9=12 답 : 12 개

274 □ 문장제

● □를 사용한 식을 쓰시오. 밑줄 친 말을 □로 나타냅니다.

양계장의 닭들이 어제는 달걀을 7개 낳았고, 오늘은 <u>몇 개</u>를 낳아서 모두 12개가 되었습니다.

식 : 7+□=12

❶ 교실에 여학생 <u>몇 명</u>과 남학생 4명이 있는데 모두 12명입니다.

식 : □+4=12

❷ 진호는 공깃돌 8개를 가지고 있었는데 누나가 <u>몇 개</u>를 더 주어 모두 13개가 되었습니다.

식 : 8+□=13

❸ 풀밭에 흰 토끼가 <u>몇 마리</u> 있었는데 검정 토끼가 5마리 와서 모두 11마리가 되었습니다.

식 : □+5=11

❹ 파란 상자에 사과가 6개 있고, 노란 상자에 사과가 <u>몇 개</u> 있습니다. 두 상자에 있는 사과는 모두 15개입니다.

식 : 6+□=15

월 일

● □를 사용한 식을 쓰고 답을 구하시오.

과일 가게에서 참외를 4개, 키위를 몇 개 팔았습니다. 과일을 모두 11개 팔았습니다. 키위는 몇 개 팔았습니까?

식 : 4+□=11 답 : 7 개

❶ 철호는 과학책을 3쪽까지 읽었습니다. 오늘은 몇 쪽을 더 읽어 12쪽까지 읽었습니다. 오늘은 몇 쪽을 읽었습니까?

식 : 3+□=12 답 : 9 쪽

❷ 진우는 8살입니다. 몇 년 후면 15살이 됩니까?

식 : 8+□=15 답 : 7 년

❸ 민주는 종이학을 몇 개 가지고 있습니다. 슬기는 민주보다 5개 더 많은 11개의 종이학을 가지고 있습니다. 민주는 종이학을 몇 개 가지고 있습니까?

식 : □+5=11 답 : 6 개

❹ 어제는 우리에 고슴도치가 6마리 있었습니다. 오늘 몇 마리가 더 들어와 13마리가 되었습니다. 오늘 들어온 고슴도치는 몇 마리입니까?

식 : 6+□=13 답 : 7 마리

275 세 수 문장제

◐ □ 안에 알맞은 수를 써넣으시오.

어머니께서 초콜릿 4개를 사오셨고, 아버지께서 어머니보다 3개 더 많이 사오셨습니다. 어머니와 아버지께서 사오신 초콜릿은 모두 몇 개입니까?

식 : [4] + [4] + [3] = [11] (개)
(어머니) (아버지)

❶ 3명이 타고 있던 버스에 첫 번째 정류장에서 5명이 타고, 두 번째 정류장에서 6명이 탔습니다. 버스에 타고 있는 사람은 모두 몇 명입니까?

식 : [3] + [5] + [6] = [14] (명)

❷ 빨간색 색종이가 4장 있고, 노란색 색종이는 빨간색 색종이보다 7장 더 많습니다. 색종이는 모두 몇 장입니까?

식 : [4] + [4] + [7] = [15] (장)

❸ 주머니 속에 500원짜리 동전이 3개, 100원짜리 동전이 2개, 50원짜리 동전이 7개가 있습니다. 주머니에 있는 동전은 모두 몇 개입니까?

식 : [3] + [2] + [7] = [12] (개)

월 일

◑ 식과 답을 쓰시오.

학급 문고를 만들기 위해 책을 모았습니다. 어제는 3권을 모았고, 오늘은 어제보다 6권을 더 모았습니다. 모두 몇 권이 되었습니까?

식 : 3+3+6=12 답 : 12 권

❶ 연필을 현우는 2자루, 민주는 7자루, 소연이는 8자루 모았습니다. 세 사람이 모은 연필은 모두 몇 자루입니까?

식 : 2+7+8=17 답 : 17 자루

❷ 유진이는 친구들과 고리 던지기 놀이를 하였습니다. 유진이는 고리를 3개 던졌고, 선영이는 유진이보다 8개 더 많이 던졌습니다. 두 사람이 던진 고리는 모두 몇 개입니까?

식 : 3+3+8=14 답 : 14 개

❸ 교실에 여학생 4명과 남학생 5명이 있었는데 학생 9명이 더 왔습니다. 교실에 있는 학생은 모두 몇 명입니까?

식 : 4+5+9=18 답 : 18 명

276 어떤 수

◐ □를 사용한 식으로 나타내시오.

어떤 수에 7을 더하였더니 15가 되었습니다.

식 : □+7=15

❶ 어떤 수에 5를 더하였더니 11이 되었습니다.

식 : □+5=11

❷ 8에 어떤 수를 더하였더니 11이 되었습니다.

식 : 8+□=11

❸ 어떤 수와 6의 합은 14입니다.

식 : □+6=14

❹ 9와 어떤 수의 합은 14입니다.

식 : 9+□=14

❺ 4에 어떤 수를 더하였더니 13이 되었습니다.

식 : 4+□=13

월 일

◈ 어떤 수를 구하고, 물음에 답하시오.

어떤 수에 7을 더해야 할 것을 잘못 하여 9를 더하였더니 13이 되었습니다. 바르게 계산하면 얼마입니까?

어떤 수 : □+9=13, □=4

계산하기 : 4+7=11

❶ 어떤 수와 7의 합은 16입니다. 어떤 수에 9를 더하면 얼마입니까?

어떤 수 : □+7=16, □=9

계산하기 : 9+9=18

❷ 어떤 수에 5를 더해야 할 것을 잘못 하여 8을 더하였더니 15가 되었습니다. 바르게 계산하면 얼마입니까?

어떤 수 : □+8=15, □=7

계산하기 : 7+5=12

❸ 8에 어떤 수를 더했더니 16입니다. 5와 어떤 수의 합은 얼마입니까?

어떤 수 : 8+□=16, □=8

계산하기 : 5+8=13

❹ 어떤 수에 8을 더해야 할 것을 잘못 하여 6을 더했더니 12가 되었습니다. 바르게 계산하면 얼마입니까?

어떤 수 : □+6=12, □=6

계산하기 : 6+8=14

잘 공부했는지 알아봅시다

월 일

1 철수는 구슬 7개를 가지고 있습니다. 친구에게 구슬 3개를 받는다면 철수가 가진 구슬은 몇 개가 됩니까?

식 : 7+3=10 답 : 10 개

2 □를 사용한 식을 쓰고, 답을 구하시오.

❶ 음악실에 여학생 8명과 남학생 몇 명이 있습니다. 학생은 모두 13명입니다. 남학생은 몇 명입니까?

식 : 8+□=13 답 : 5 명

❷ 지은이는 책을 지난주에 9권 읽었고, 이번 주에는 몇 권을 읽었습니다. 2주 동안 읽은 책이 모두 17권이라면 이번 주에 읽은 책은 몇 권입니까?

식 : 9+□=17 답 : 8 권

3 민서는 쿠키 4개를 먹었고, 진희는 민서보다 쿠키를 3개 더 먹었습니다. 두 사람이 먹은 쿠키는 모두 몇 개입니까?

식 : 4+4+3=11 답 : 11 개

4 어떤 수에 6을 더해야 할 것을 잘못하여, 9를 더하였더니 16이 되었습니다. 바르게 계산하면 얼마입니까?

어떤 수 : □+9=16, □=7 계산하기 : 7+6=13

277 원 선 연결

◐ 연결한 두 수의 합을 빈칸에 써넣으시오.

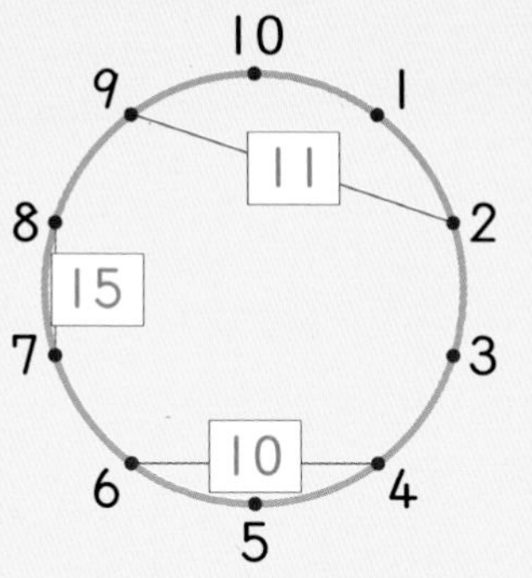

❶
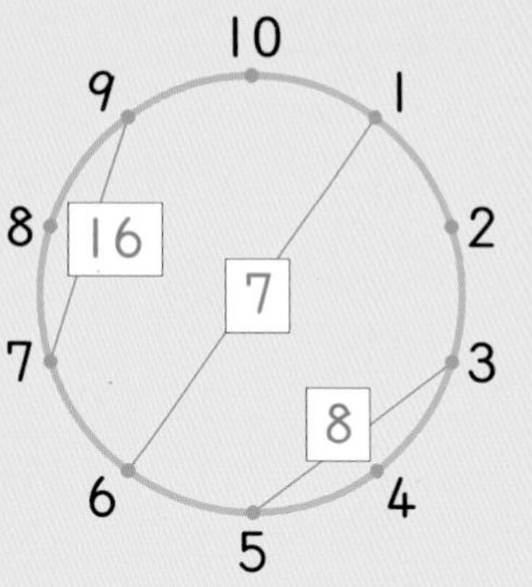

❷
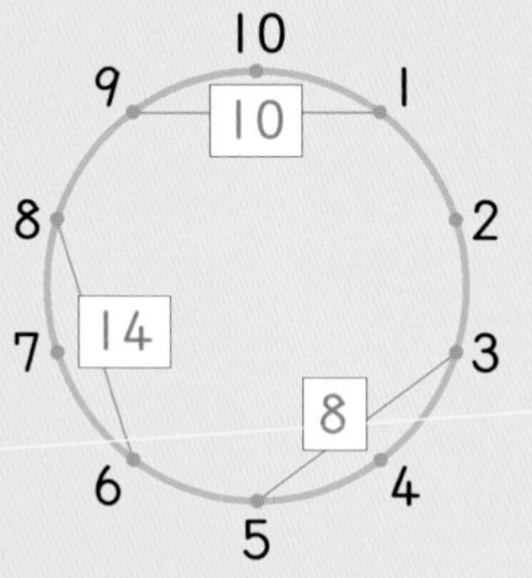

❸
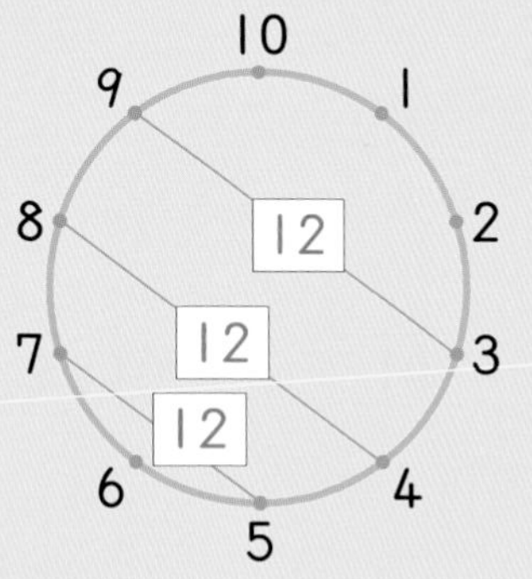

월 일

◐ 합이 가운데 수가 되도록 두 점을 연결하시오. ● 안의 수만큼 선을 긋습니다.

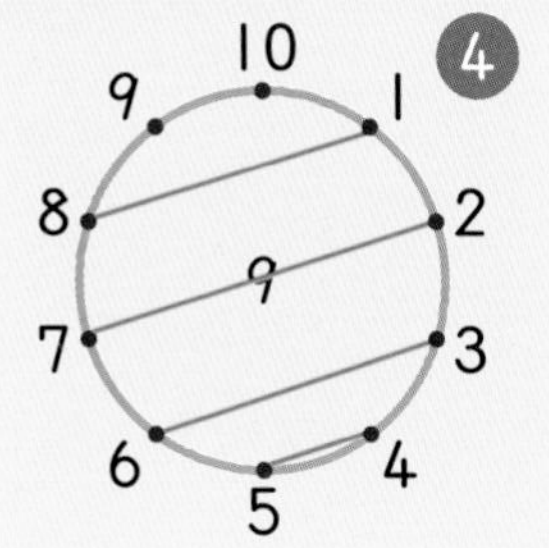

❶
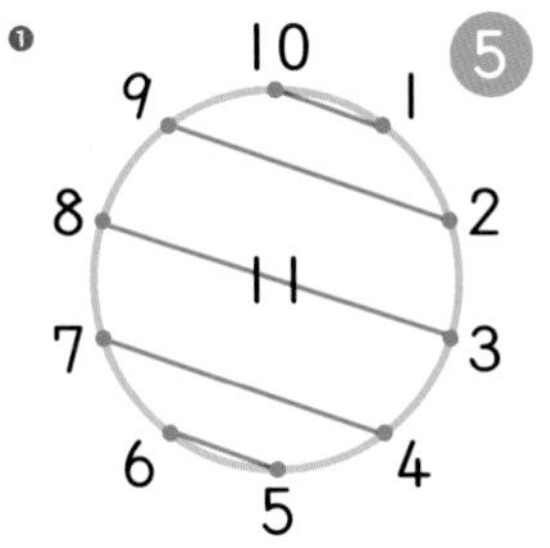

❷
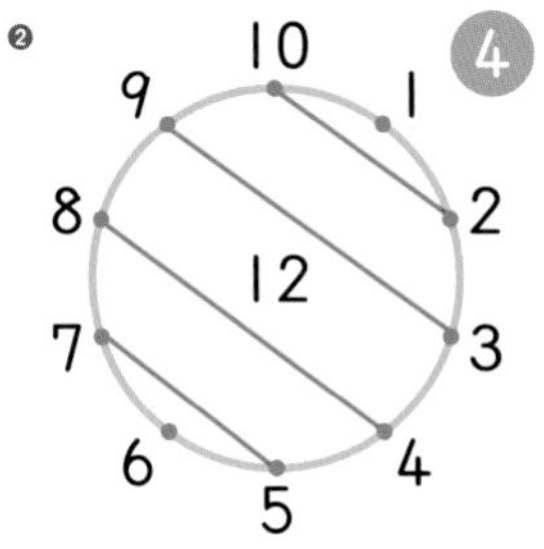

❸
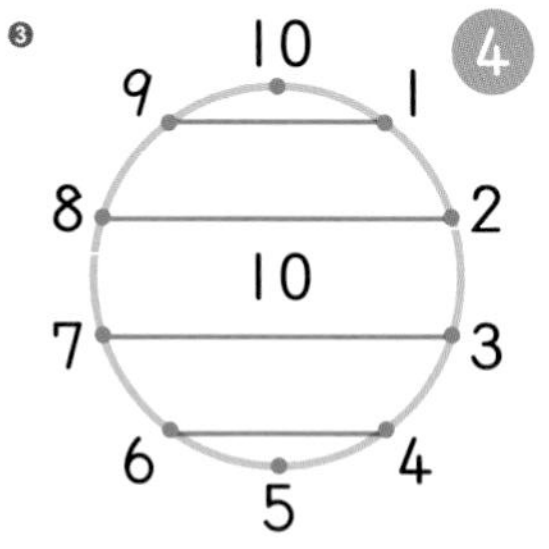

❹
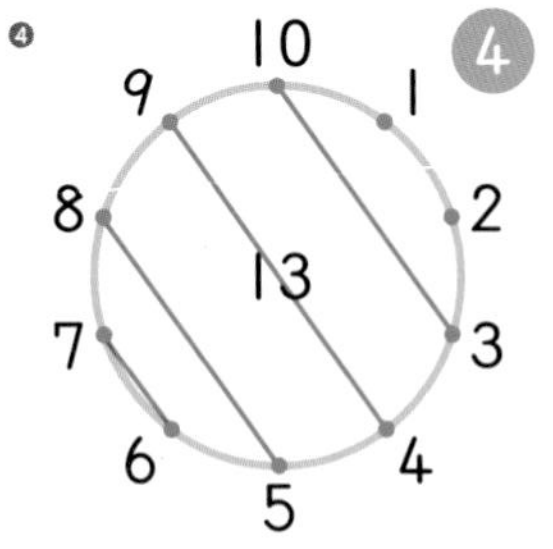

278 바람개비

◐ 가로, 세로로 두 수의 합을 빈칸에 써넣으시오.

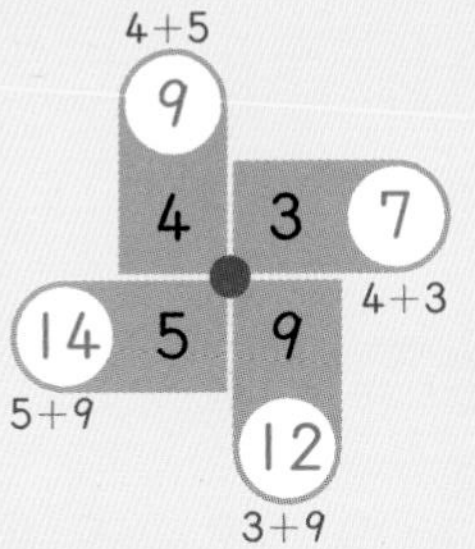

❶

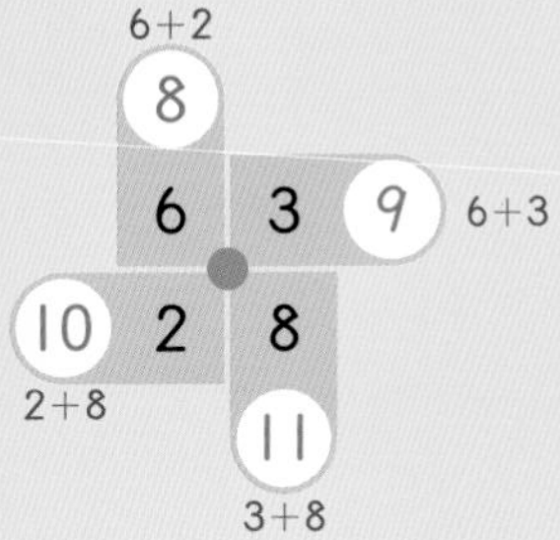

❷

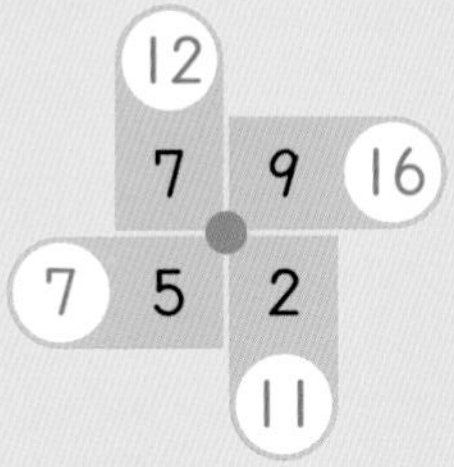

❸

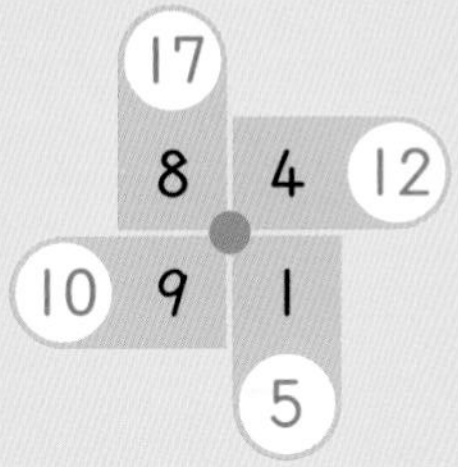

❹

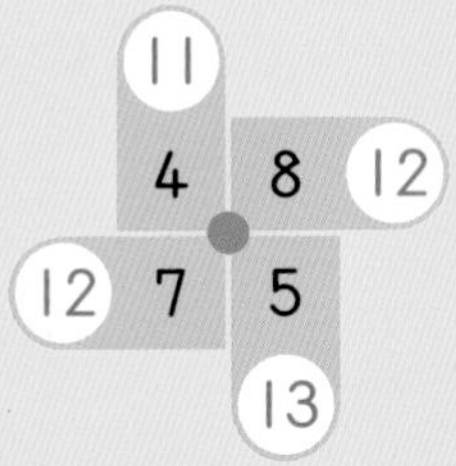

❺

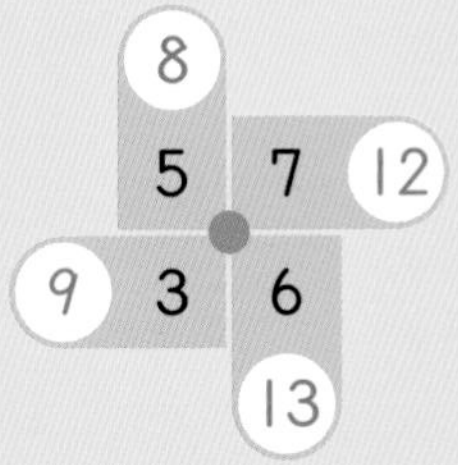

◈ 빈칸에 알맞은 수를 써넣으시오.

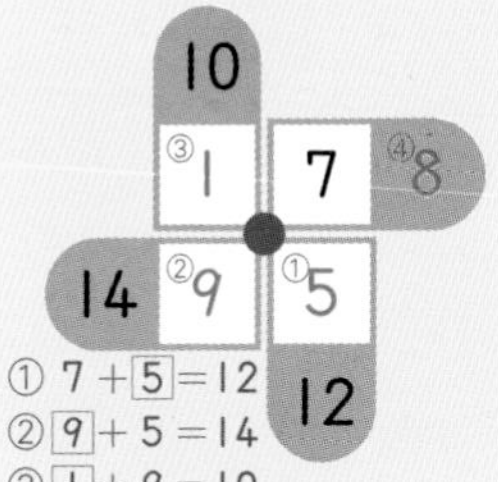

① 7 + [5] = 12
② [9] + 5 = 14
③ [1] + 9 = 10
④ 1 + 7 = [8]

❶

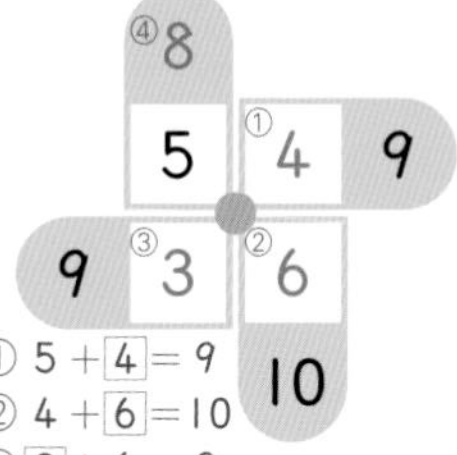

① 5 + [4] = 9
② 4 + [6] = 10
③ [3] + 6 = 9
④ 5 + 3 = [8]

❷

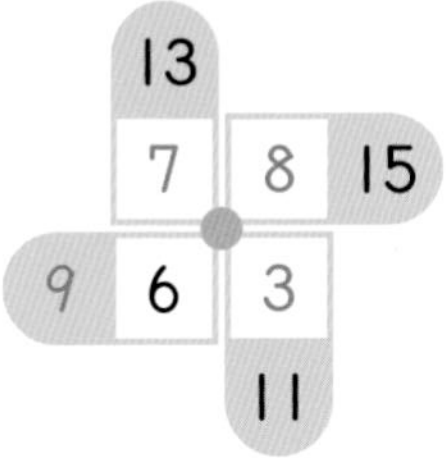

❸

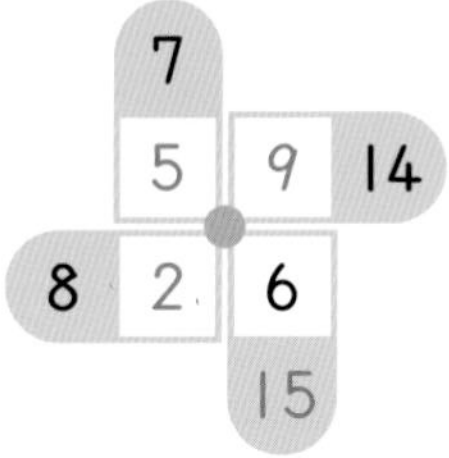

❹

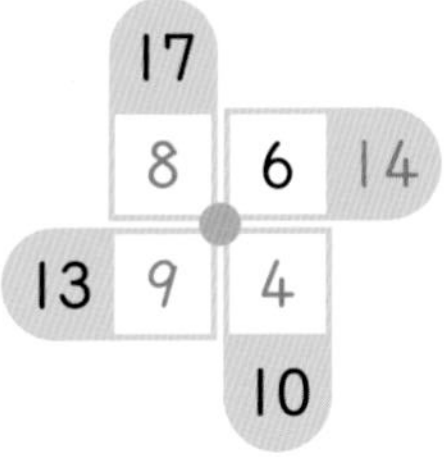

❺

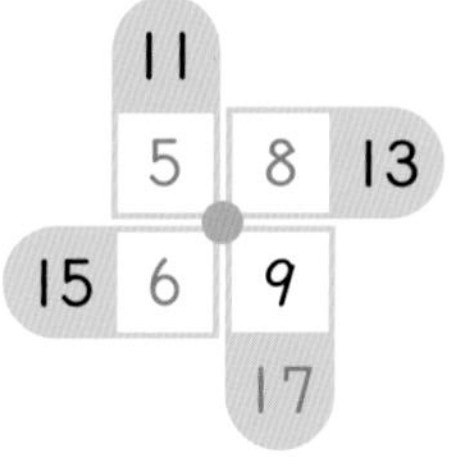

279 피라미드

◐ 위의 수는 아래 두 수의 합입니다. 빈칸을 채우시오.

(예시)
7+9=16
16
3+4=7　7 9　4+5=9
3 4 5

❶
15
6 9
1 5 4

❷
17
8 9
5 3 6

❸
16
7 9
5 2 7

❹
13
6 7
4 2 5

❺
15
9 6
8 1 5

월 일

◑ 위의 수는 아래 두 수의 합입니다. 빈칸을 채우시오.

푸는 순서를 찾는 것이 중요합니다.

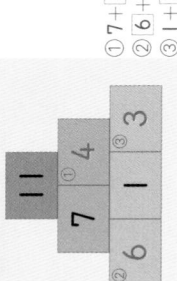

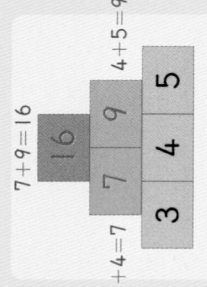

(예시)
11
7 ①4
②6 1 ③3

① 7+4=11
② 6+1=7
③ 1+3=4

❶
③13
①8 5
5 3 ②2

① 5+3=8
② 3+2=5
③ 8+5=13

❷
15
6 9
4 2 7

❸
14
5 9
2 3 6

❹
15
6 9
5 1 8

❺
16
9 7
6 3 4

덧셈표

◐ 가로, 세로로 더하여 빈칸에 알맞은 수를 써넣으시오.

+	9	7	8
1	10 (1+9)	8 (1+7)	9 (1+8)
3	12 (3+9)	10 (3+7)	11 (3+8)
4	13 (4+9)	11 (4+7)	12 (4+8)

❶

+	3	4	5
8	11	12	13
7	10	11	12
5	8	9	10

❷

+	9	7	2
6	15	13	8
4	13	11	6
8	17	15	10

❸

+	4	6	3
9	13	15	12
5	9	11	8
3	7	9	6

❹

+	2	1	7
4	6	5	11
8	10	9	15
3	5	4	10

❺

+	4	6	1
7	11	13	8
5	9	11	6
2	6	8	3

덧셈표는 세로줄의 수와 가로줄의 수를 더하여 표를 만든 것입니다.

◑ 덧셈표의 빈칸에 알맞은 수를 써넣으시오.

푸는 순서를 찾는 것이 중요합니다. 먼저 가로줄, 세로줄에 있는 수를 구합니다.

+	9	①7	8
1	10	8	9
3	12	10	11
②2	11	9	10

① 3+[7]=10
② [2]+8=10

❶

+	②4	6	③5
①6	10	12	11
7	11	13	12
④1	5	7	6

① [6]+6=12
② 6+[4]=10
③ 7+[5]=12
④ [1]+5=6

❷

+	8	9	7
4	12	13	11
2	10	11	9
5	13	14	12

❸

+	1	3	2
9	10	12	11
7	8	10	9
3	4	6	5

❹

+	5	9	8
9	14	18	17
7	12	16	15
1	6	10	9

❺

+	4	6	8
3	7	9	11
6	10	12	14
2	6	8	10

잘 공부했는지 알아봅시다

월 일

1 가로, 세로로 두 수의 합을 빈칸에 써넣으시오.

❶
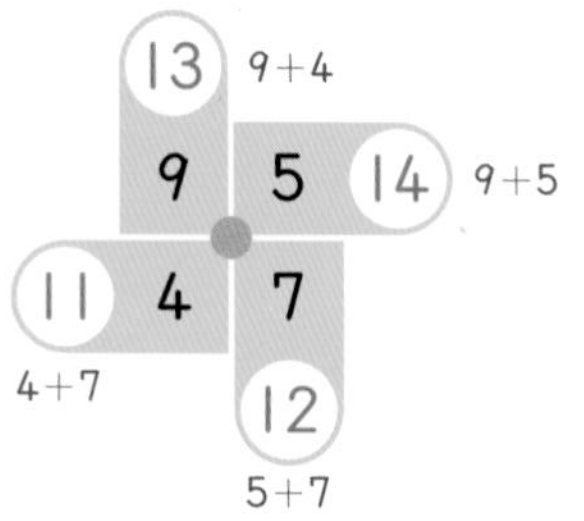

❷
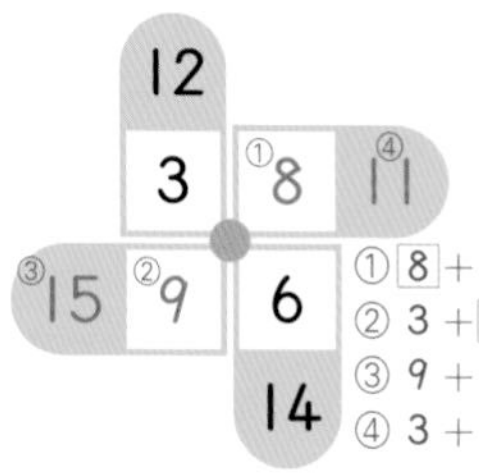

① 8 + 6 = 14
② 3 + 9 = 12
③ 9 + 6 = 15
④ 3 + 8 = 11

2 아래의 수는 위 두 수의 합입니다. 빈칸에 알맞은 수를 써넣으시오.

❶
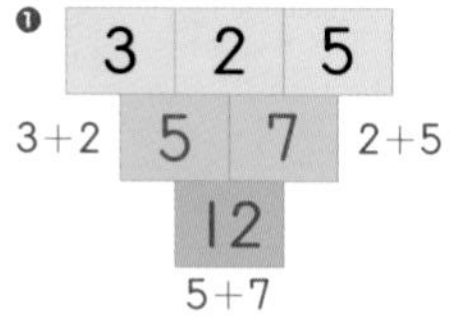

❷
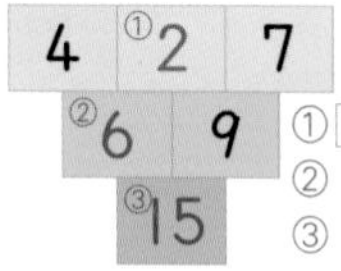

① 2+7= 9
② 4 +2= 6
③ 6 +9= 15

3 덧셈표의 빈칸에 알맞은 수를 써넣으시오.

+	5	9	6
7	12	16	13
4	9	13	10
8	13	17	14

281 네모 대소

◐ □ 안에 들어갈 수 있는 수를 찾아 ○표 하시오.

예) 7+□<11 — ③ 4 5
7+3<11
7+4=11
7+5>11

❶ 3+□>11 — 7 8 ⑨
3+7<11
3+8=11
3+9>11

❷ 8+□<15 — ⑥ 7 8
8+6<15
8+7=15
8+8>15

❸ □+9>12 — 2 3 ④

❹ □+8<14 — ⑤ 6 7

❺ □+4>12 — 7 8 ⑨

❻ 6+□>10 — 3 4 ⑤

❼ 4+□<11 — ⑥ 7 8

❽ 5+□>12 — 6 7 ⑧

❾ □+8<12 — ③ 4 5

❿ □+7>15 — 7 8 ⑨

⓫ □+6<13 — ⑥ 7 8

월 일

◐ 1에서 9까지의 수 중에서 □ 안에 들어갈 수 있는 수를 모두 쓰시오.

예) 8+□>12 — 5, 6, 7, 8, 9
8+4=12이므로 □ 안에는 4보다 큰 수가 들어갑니다.

❶ □+5<11 — 1, 2, 3, 4, 5

❷ □+6>13 — 8, 9

❸ 9+□<15 — 1, 2, 3, 4, 5

❹ 5+□>11 — 7, 8, 9

❺ □+7<12 — 1, 2, 3, 4

❻ □+9>13 — 5, 6, 7, 8, 9

❼ 8+□<14 — 1, 2, 3, 4, 5

❽ 7+□>12 — 6, 7, 8, 9

❾ □+5<12 — 1, 2, 3, 4, 5, 6

282 매트릭스

월 일

◐ 가로, 세로로 두 수씩 더해 빈칸에 알맞은 수를 써넣으시오.

1	5		6	1+5
3		2	5	3+2
	6	4	10	6+4
4	11	6	+	
1+3	5+6	2+4		

❶

5	7		12	5+7
	9	4	13	9+4
2		1	3	2+1
7	16	5	+	
5+2	7+9	4+1		

❷

	7	4	11
6	2		8
8		3	11
14	9	7	+

❸

	3	7	10
5		1	6
9	6		15
14	9	8	+

❹

6		8	14
	2	9	11
4	5		9
10	7	17	+

❺

8		7	15
5	6		11
	9	3	12
13	15	10	+

◑ 1부터 9까지의 수 중 서로 다른 수를 써넣어 매트릭스를 완성하시오.

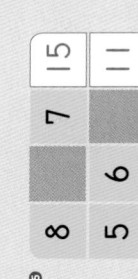

5	① 4		9
	② 3	③ 2	5
⑤ 7		④ 9	16
12	7	11	+

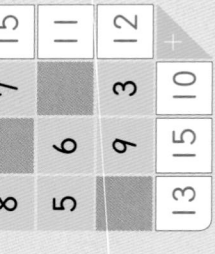

① 5 + [4] = 9
② 4 + [3] = 7
③ 3 + [2] = 5
④ 2 + [9] = 11
⑤ [7] + 9 = 16

❶

③ 6		② 3	9
	1	① 8	9
④ 7	⑤ 4		11
13	5	11	+

① 1 + [8] = 9
② [3] + 8 = 11
③ [6] + 3 = 9
④ 6 + [7] = 13
⑤ 7 + [4] = 11

❷

	8	4	12
2	6		8
5		7	12
7	14	11	+

❸

	8	9	17
7		4	11
2	3		5
9	11	13	+

❹

9	3		12
6		4	10
	5	7	12
15	8	11	+

❺

5		8	13
9	7		16
	2	3	5
14	9	11	+

벌집셈

◐ 벌집 안 두 수의 합을 빈칸에 써넣으시오.

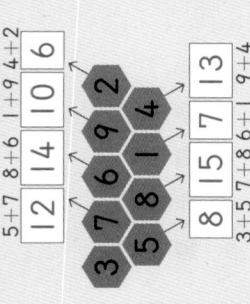

(예시)
5+7 8+6 1+9 4+2
12 14 10 6
3 7 6 9 2
5 8 1 4
8 15 7 13
3+5 7+8 6+1 9+4

❶
4+1 3+8 6+9 7+5
5 11 15 12
2 1 8 9 5
4 3 6 7
6 4 14 16
2+4 1+3 8+6 9+7

❷
4 10 13 14
4 3 8 7 5
1 2 6 9
5 5 14 16

❸
13 13 8 5
6 5 4 7 2
8 9 1 3
14 14 5 10

❹
14 10 10 8
3 5 2 4 7
9 8 6 1
12 13 8 5

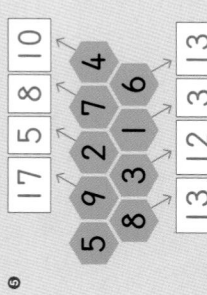

❺
17 5 8 10
5 9 2 7 4
8 3 1 6
13 12 3 13

◐ 두 수의 합에 맞게 1에서 9까지의 수를 하나씩 벌집 안에 써넣으시오.

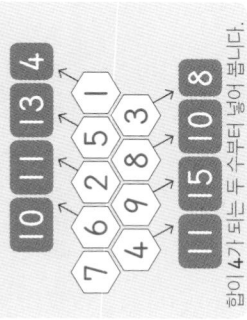

(예시)
10 11 13 4
7 6 2 5 1
4 9 8 3
11 15 10 8
합이 4가 되는 두 수부터 넣어 봅니다.

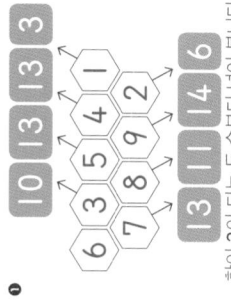

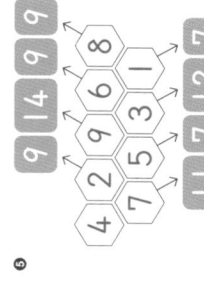

❶
10 13 13 3
6 3 5 4 1
7 8 9 2
13 11 14 6
합이 3이 되는 두 수부터 넣어 봅니다.

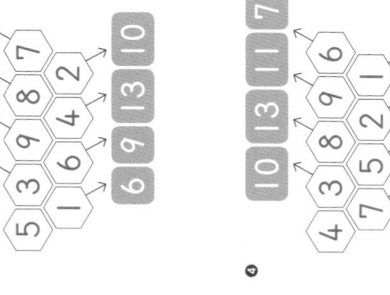

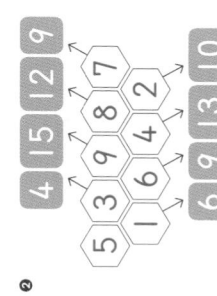

❷
4 15 12 9
5 3 9 8 7
1 6 4 2
6 9 13 10

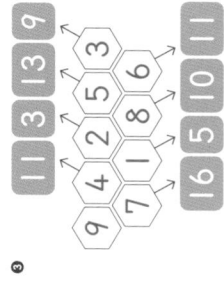

❸
11 3 13 9
9 4 2 5 3
7 1 8 6
16 5 10 11

❹
10 13 11 7
4 3 8 9 6
7 5 2 1
11 8 10 10

❺
9 14 9 9
4 2 9 6 8
7 5 3 1
11 7 12 7

284 약속셈

◐ 약속에 맞게 계산한 것입니다. 빈칸에 알맞은 수를 써넣으시오.

약속: ■⊙●=■+●+■

6⊙3=6+[3]+6
=[15]

5⊙4=[5]+4+[5]
=[14]

❶ 약속: ■◈●=■+●+5

4◈2=4+[2]+5
=[11]

3◈5=3+[5]+5
=[13]

❷ 약속: ■⊡●=■+●+●

7⊡2=7+[2]+2
=[11]

5⊡4=[5]+4+[4]
=[13]

❸ 약속: ■△●=■+3+●

6△6=6+3+[6]
=[15]

5△9=5+3+[9]
=[17]

월 일

◑ 약속에 맞게 계산하시오.

약속: ■⊙●=■+●+■

7⊙1=[15] 7+1+7

6⊙2=[14] 6+2+6

❶ 약속: ■◈●=■+●+5

4◈3=[12] 4+3+5

6◈1=[12] 6+1+5

❷ 약속: ■⊡●=■+●+●

6⊡3=[12] 6+3+3

1⊡8=[17] 1+8+8

❸ 약속: ■△●=■+3+●

4△7=[14] 4+3+7

2△8=[13] 2+3+8

❹ 약속: ■▽●=4+■+●

3▽8=[15] 4+3+8

5▽6=[15] 4+5+6

❺ 약속: ■⊙●=■+●+■

4⊙5=[13] 4+5+4

7⊙2=[16] 7+2+7

잘 공부했는지 알아봅시다

월 일

1 두 수를 골라 □ 안에 써넣어 식을 완성하시오. 두 수를 바꾸어도 됩니다.

❶ 7+[2]+[6]=15

2 5 8 6

❷ 6+[3]+[8]=17

1 8 4 3

2 두 수의 합에 맞게 1에서 9까지의 수를 하나씩 벌집 안에 써넣으시오.

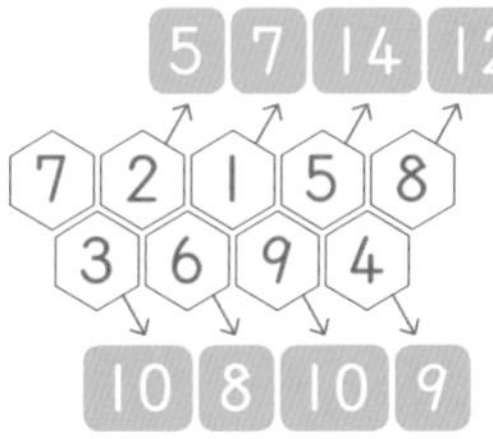

3 약속에 맞게 계산하시오.

❶ 약속

■⊙●=■+●+■

7⊙1=[15] 7⊙1=7+1+7

❷ 약속

■⊡●=■+●+●

2⊡4=[10] 2⊡4=2+4+4

285 사다리 타기

◑ 사다리 타기를 해 봅시다. 빈칸에 알맞은 수를 써넣으시오.

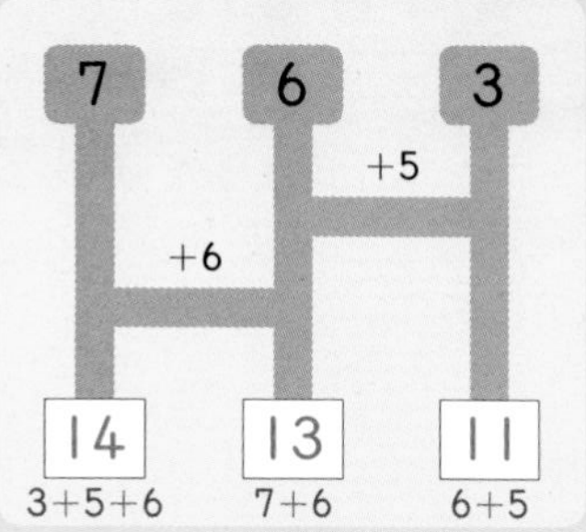

❶
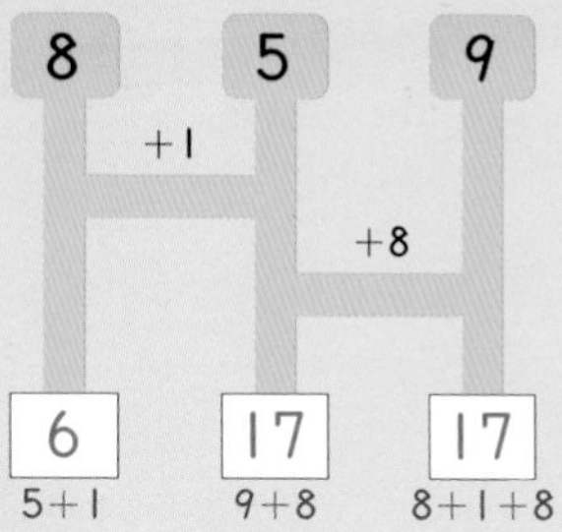

❷
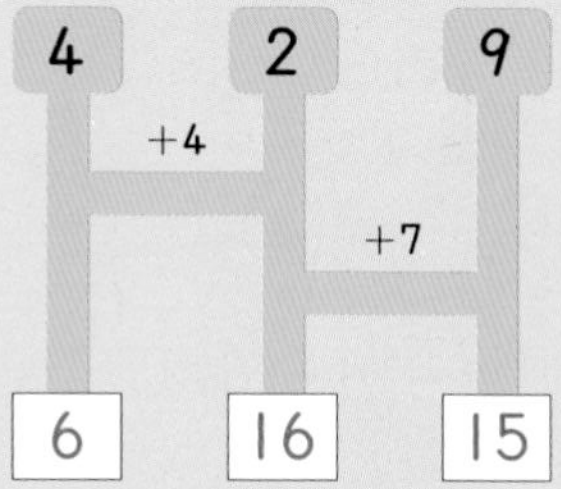

❸
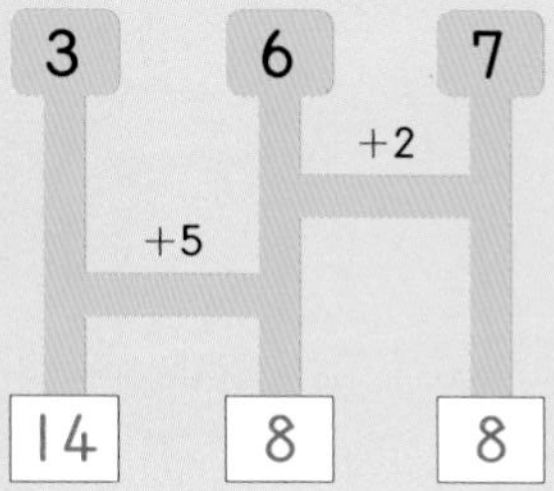

❹
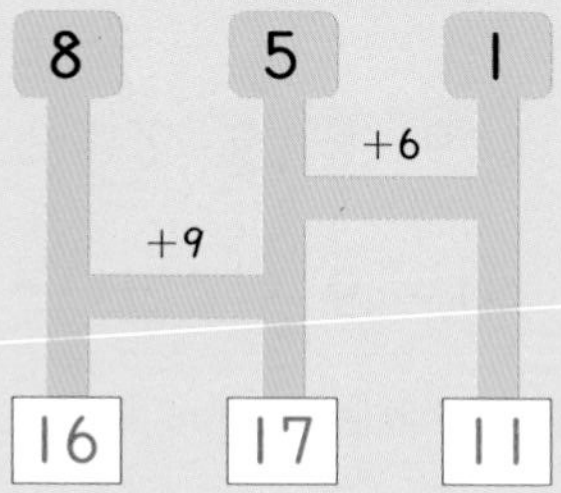

❺
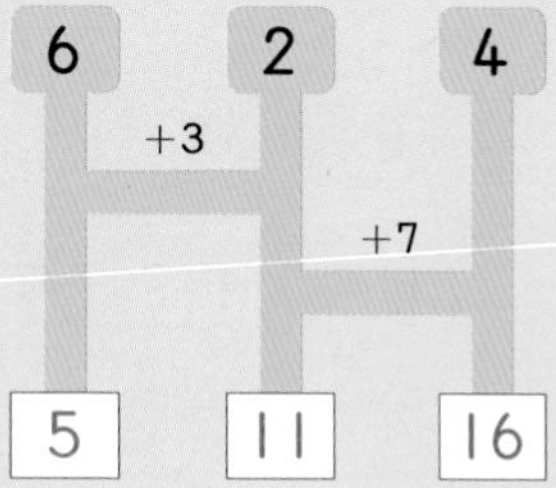

월 일

◑ 빈칸에 알맞은 수를 써넣으시오.

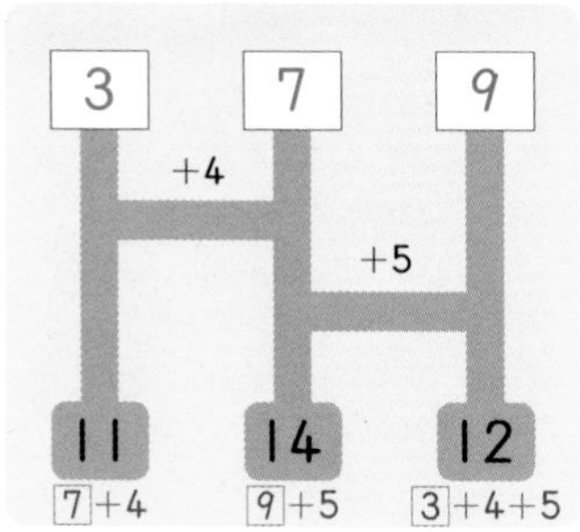

❶
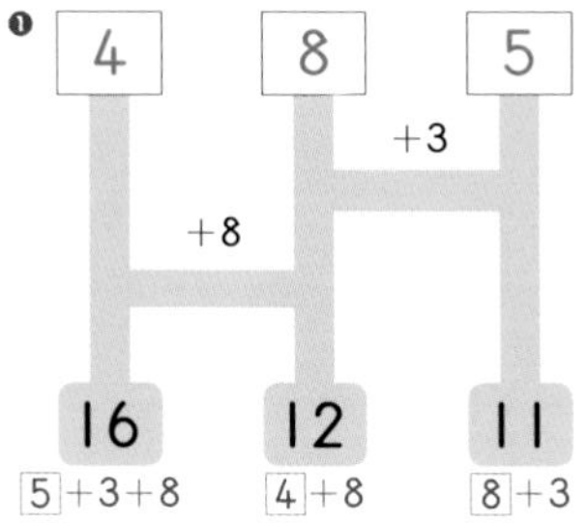

❷
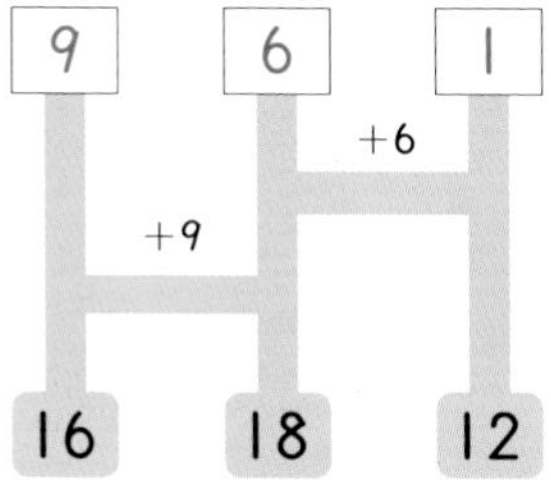

❸
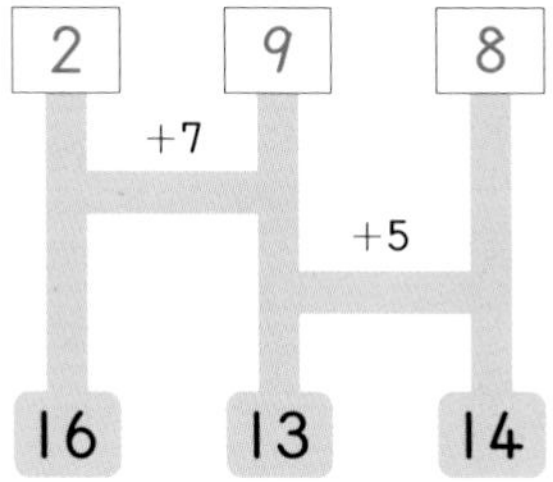

❹
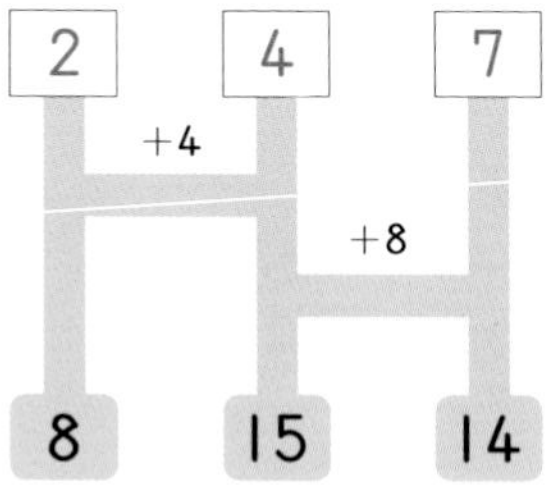

❺
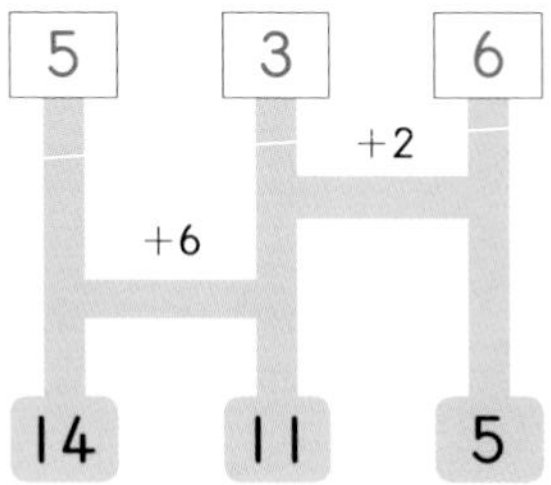

286 격자 트럼프

◐ 같은 모양은 같은 수, 다른 모양은 다른 수를 나타내고, 수는 각 줄의 합입니다. 빈칸을 채우시오.

		♥	5
	◆	♥	9
◆	♣	♠	13
4	11	12	

♥=5
◆=4
♣=7
(◆+♣=11)
♠=2
(◆+♣+♠=13)

❶

◆			3
♠	♥		11
♠	♣	♣	9
13	8	2	

◆=3
♣=2
♠=5
(◆+♠+♠=13)
♥=6
(♠+♥=11)

❷

		♠	3
	♠	♠	6
♥	♥	♣	9
4	7	7	

❸

◆			3
◆	♥		12
◆	♣	♣	15
9	15	6	

❹

	♣	♠	6
	♥	♠	11
♠	◆	♥	12
4	10	15	

❺

		◆	5
♥	♥	♠	10
♥	♣	◆	12
8	7	12	

◐ 같은 모양은 같은 수, 다른 모양은 다른 수를 나타내고, 수는 각 줄의 합입니다. 빈칸을 채우시오.

순서를 생각하여 풉니다.

♥	♣	◆	10
♠	◆	◆	10
♥	♣	◆	10
8	13	9	

① ◆=3
(◆+◆+◆=9)
② ♠=4
(♠+◆+◆=10)
③ ♣=5
(♣+◆+♣=13)
④ ♥=2
(♥+♣+◆=10)

❶

♣	♠	♥	12
♣	◆	◆	7
♣	♠	♥	12
3	15	13	

① ♣=1
② ◆=3
③ ♥=5
④ ♠=6

❷

♠	♠	♥	10
◆	◆	♣	5
♣	◆	♣	4
6	7	6	

❸

♥	♣	♣	12
♠	♠	♠	12
♥	♣	◆	14
8	14	16	

❹

♠	♥	♣	6
◆	♠	♣	11
◆	♠	◆	15
15	4	13	

❺

♥	♠	♠	8
♥	♠	◆	9
♥	♣	♣	6
12	5	6	

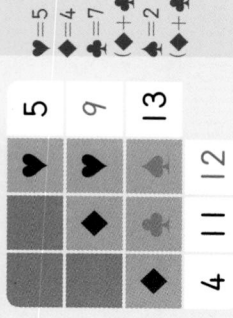

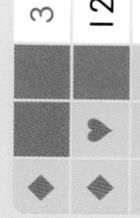

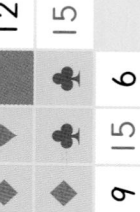

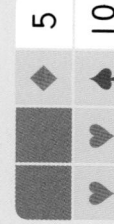

287 방진셈

월 일

◐ 2에서 6까지의 수를 한 번씩 사용하여 한 줄에 쓰여진 세 수의 합이 ● 안의 수가 되도록 한 것입니다. 빈칸에 알맞은 수를 써넣으시오.

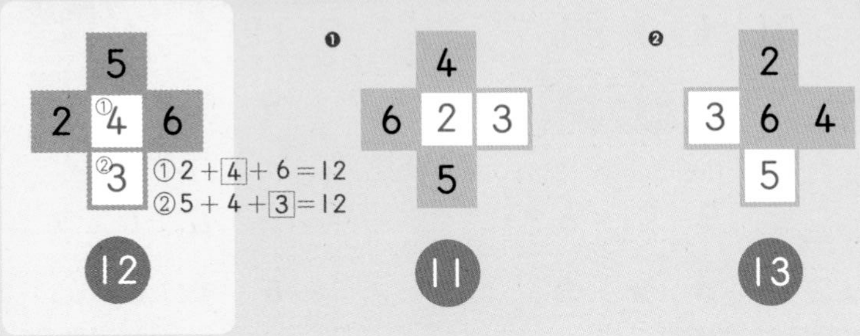

◐ 1에서 6까지의 수를 한 번씩 사용하여 한 줄에 쓰여진 세 수의 합이 ■ 안의 수가 되도록 한 것입니다. 빈칸에 알맞은 수를 써넣으시오.

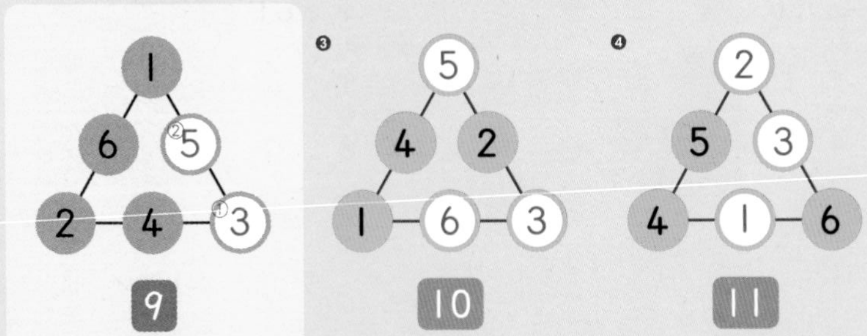

①2 + 4 + [3] = 9
②1 + [5] + 3 = 9

◐ 1에서 5까지의 수를 한 번씩 사용하여 한 줄에 쓰여진 세 수의 합이 ● 안의 수가 되도록 빈칸에 알맞은 수를 써넣으시오. 여러 가지 답이 있습니다.
가로, 세로의 합이 ● 안의 수가 되면 됩니다.

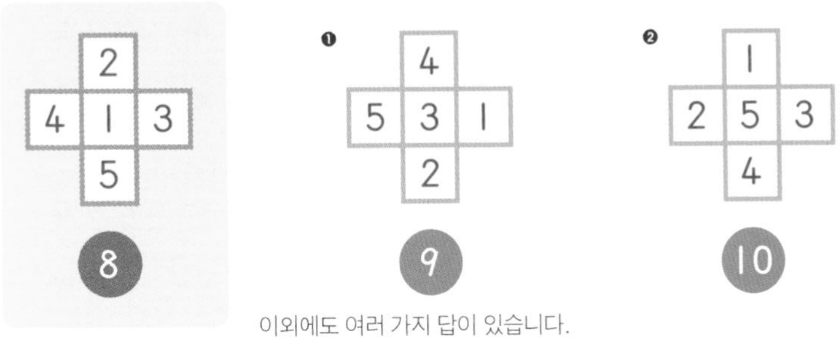

이외에도 여러 가지 답이 있습니다.

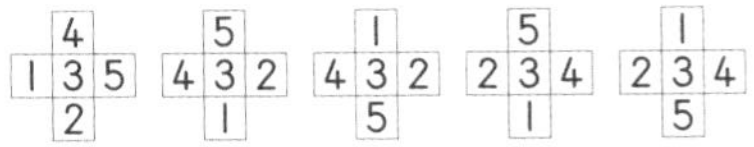

◐ 1에서 6까지의 수를 한 번씩 사용하여 한 줄에 쓰여진 세 수의 합이 ■ 안의 수가 되도록 빈칸에 알맞은 수를 써넣으시오. 여러 가지 답이 있습니다.

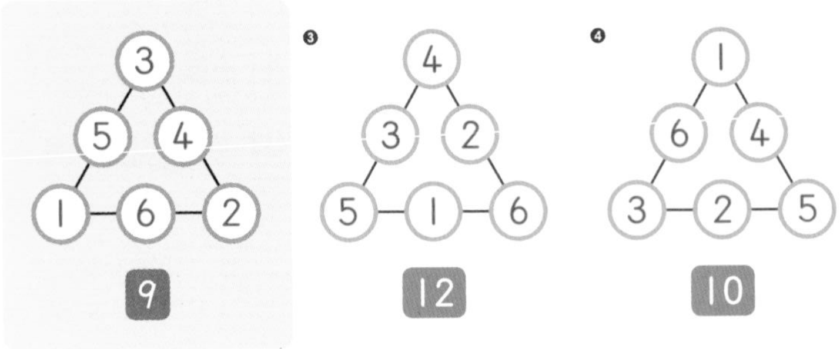

288 울타리 치기

◐ 나누어진 세 수의 합이 같도록 빈칸에 알맞은 수를 써넣으시오.

2	5	7
5	1	4
2	2	8

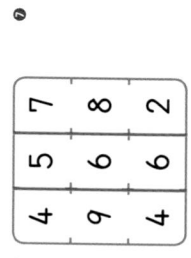

2 + 2 + 8 = 12
2 + 5 + 5 = 12
7 + 1 + 4 = 12

❶

5	1	4
3	8	5
7	6	6

❷

6	8	8
2	9	1
5	4	8

❸

2	7	5
3	5	6
6	7	1

❹

8	4	2
4	7	5
6	3	9

❺

4	5	4
2	3	8
1	6	6

❻

2	6	3
8	2	7
1	2	2

❼

2	3	2
4	6	7
8	3	1

❽

4	5	9
3	3	6
9	6	9

월 일

◐ 세 수의 합이 같도록 세 부분으로 나누시오.

4	5	1
4	6	6
7	2	4

13 13 13

❶ 16 16 16

2	4	4
7	8	3
7	7	6

❷ 11 11 11

2	4	5
1	8	1
2	5	5

❸

3	5	7
2	9	2
7	6	4

❹

5	7	9
2	3	1
3	8	4

❺

3	4	5
6	4	2
9	1	2

❻

4	5	7
9	6	8
4	6	2

❼

3	2	5
2	6	4
2	2	7

❽

7	1	6
5	3	3
8	2	4

잘 공부했는지 알아봅시다

월 일

1 한 줄의 합이 ▭ 안의 수가 되도록 1부터 6까지의 수를 빈칸에 써넣으시오.

❶ 10

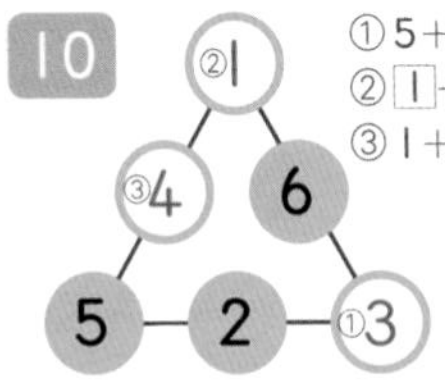

① 5+2+3=10
② 1+6+3=10
③ 1+4+5=10

❷ 9

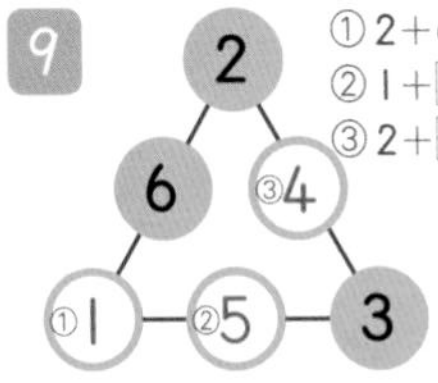

① 2+6+1=9
② 1+5+3=9
③ 2+4+3=9

2 같은 모양은 같은 수, 다른 모양은 다른 수를 나타내고, 수는 각 줄의 합입니다. 빈칸을 채우시오.

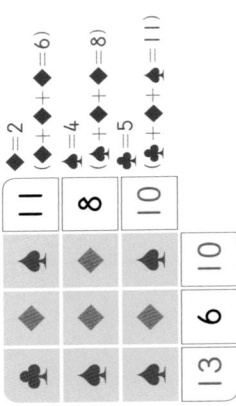

♣	◆	♠	11
♠	◆	◆	8
♠	◆	♠	10
13	6	10	

◆=2
(◆+◆+◆=6)
♠=4
(♠+◆+◆=8)
♣=5
(♣+◆+♠=11)

3 빈칸에 알맞은 수를 써넣으시오.

❶

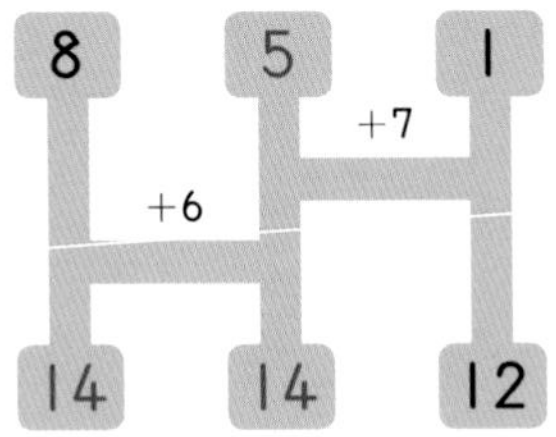

❷

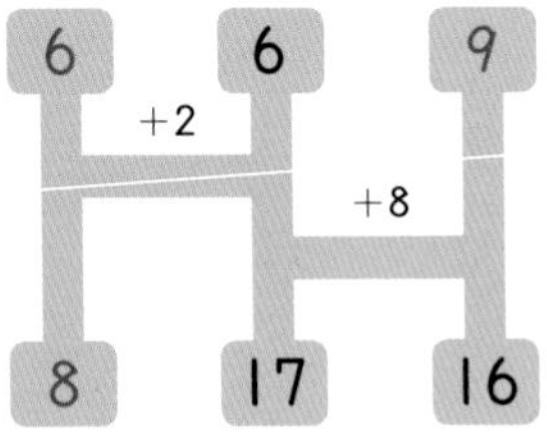

수학 개념이 쉽고 빠르게 소화되는
월등한 개념 수학
중등수학 1-1
중등수학 2-1
중등수학 3-1
Eugene Lee
월등한 개념 수학 모델
이유진
www.nebooks.co.kr